Christine LUNER
Caroline BERCHOTTEAU

unter Mitarbeit von
Doris ZEILINGER

ARBEITSBUCH

BIEN FAIT! 2

MODULAIRE

Europäischer Referenzrahmen A2 A2+

Verlag Hölder-Pichler-Tempsky GmbH
www.hpt.at

Mit Bescheid des Bundesministeriums für Bildung vom 19. April 2017, GZ BMBF-5.034/0040-IT/3/2016, als für den Unterrichtsgebrauch für die 6. Klasse an allgemein bildenden höheren Schulen – Oberstufe im Unterrichtsgegenstand Französisch (Zweite lebende Fremdsprache) (Lehrplan 2017), für den II. Jahrgang an Handelsakademien im Unterrichtsgegenstand Lebende Fremdsprache Französisch, für den II. Jahrgang an Höheren Lehranstalten für wirtschaftliche Berufe im Unterrichtsgegenstand Zweite lebende Fremdsprache (Französisch) (Lehrplan 2016) und für den II. Jahrgang an Höheren Lehranstalten Tourismus im Unterrichtsgegenstand Zweite lebende Fremdsprache (Französisch) (Lehrplan 2016) geeignet erklärt.
Dieses Schulbuch wurde auf Grundlage von zielorientierten Lehrplänen verfasst. Konkretisierung, Gewichtung und Umsetzung der Inhalte erfolgen durch die Lehrer/innen.

Schulbuchnummer Buch: 180637 **Schulbuchnummer Buch + E-Book: 181022**

Textquellen: Giraud, Brigitte: J'apprends. Stock. Paris 2005: 42, 52, 56f., Catherine Missionnier, Les CM 2 à la Une. Rageot. Paris 2006: 48; belgique.com/les-specialites-belges/la-cuisine-belge/ (2016-03-16): 61

Bildquellen: FOTOLIA.COM: © Andrey Starostin: 47; © Arochau: 31; © ArTo: 11; © bekkersara: 17 (1.); © by-studio: 45; © CandyBox Images: 8; © carballo: 39; © Daniel Ernst: 16; © Daniel Vincek: 46; © DW labs Incorporated: 7; © Ekaterina Pokrovsky: 65; © Freesurf: 62; © irantzuarb: 25 (1.); © JackF: 53; © Jérôme Rommé: 61; © jovannig: 56; © lpictures: 32; © Magalice: 38; © mariesacha: 50; © Marine26: 19 (1.); © matteozin: 15; © Michael Chamberlin: 48; © micheldelaconnay: 17 (2.); © mickyso: 13; © Monkey Business: 33 (2.); © o. U.: 42; © oneinchpunch: 35; © photoniko: 44; © Picture-Factory: 67; © puckillustrations: 33 (3.); © rparys: 19 (2.); © Selim: 25 (2.); © Sergii Figurnyi: 60; © sharplaninac: 28; © swisshippo: 33 (1.); © torwaiphoto: 22; © Ttstudio: 30; © yayoicho: 18; Postkarte: 36 (2.); Wikimedia Commons, CC BY-SA 2.5, https://creative-commons.org/licenses/by-sa/2.5/, © Roudou (entfärbt): 63; CC BY-SA 3.0, https://creativecommons.org/licenses/by-sa/3.0/, © Takeaway (Ausschnitt, entfärbt): 25 (3.), © Universal Music (Ausschnitt, entfärbt): 64; © Takeaway: 25 (3.); youtube.com: 64
Alle übrigen Bilder: Autorinnen und Verlag HPT, Wien 2017

Unsere Autorinnen:
Mag. Christine Luner: Lehrerin für Französisch und Englisch, Dozentin in der Lehrer/innenfortbildung, mehrere Publikationen für den Schulunterricht
Mag. Caroline Berchotteau, MAS: Linguistin, Dozentin in der Lehrer/innenfortbildung
Mag. Doris Zeilinger, MA: Lehrerin für Französisch und Englisch, Lehrbeauftragte an der PH NÖ, Absolventin des Universitätslehrgangs Language Testing and Teaching

Die Autorinnen und der Verlag bitten, alle Anregungen und Vorschläge, die dieses Schulbuch betreffen, an folgende Adresse zu senden:
Verlag Hölder-Pichler-Tempsky GmbH
Frankgasse 4, 1090 Wien
E-Mail: service@hpt.at

1. Auflage 2017 (1,00)

Illustrationen: Walter Fröhlich, www.cafe-rorschach.com, Hannes Eisenberger
Grafische Ausarbeitung: truxa.grafik.design
Druck und Bindung: Brüder Glöckler GmbH, Wöllersdorf

ISBN 978-3-230-04246-0

3. Semester / Kompetenzmodul 3

4. Semester / Kompetenzmodul 4

◎ Task zur Überprüfung einzelner Fertigkeiten

1 Les formes des verbes. Remplis la grille.

	infinitif	passé composé	imparfait
1	regarder	je / j' nous	
2	faire	tu vous	
3	aller	il ils	
4	sortir	elle elles	
5	rester	je / j' nous	
6	pouvoir	tu vous	
7	arriver	il ils	
8	rencontrer	elle elles	
9	être	je / j' nous	
10	rencontrer	tu vous	
11	prendre	il ils	
12	venir	elle elles	
13	dormir	je / j' nous	
14	voir	tu vous	
15	descendre	il ils	
16	se lever	elle elles	

2 Qu'est-ce qu'ils ont fait?

Rétablis l'ordre correct et forme des phrases au passé composé d'après l'exemple.

0 Marc et Luc:

..3...	payer	➲ *Marc et Luc sont allés au café.*
..1...	aller au café	*Ils ont commandé un orangina.*
..2...	commander un orangina	*Plus tard, ils ont payé.*

1 Marianne:

......	faire la cuisine	....
......	faire les courses	....
......	manger	....

2 M. et Mme Dulac:

......	acheter le billet	....
......	monter dans le train	....
......	aller à la gare	....

3 René:

......	quitter la maison	....
......	descendre devant l'école	....
......	aller à l'arrêt de bus	....

4 Anne et Sylvie:

......	aller dans la salle de bains	....
......	prendre le petit déjeuner	....
......	se lever	....

3 Passé composé ou imparfait? Ajoute les verbes de la case.

a loué ont vu avait étaient ont passé pouvaient
ne faisaient pas voulaient étaient a été ✔ voulait
n'ont pas rencontré a essayé a fait étaient

Simon (0) ..*a été*... au Canada avec ses parents. La famille (1) .... un camping-car pour être plus indépendante. Caro et sa mère (2) .... se baigner, mais les lacs (3) .... trop froids. Un jour, ils (4) .... un élan mais ils (5) .... d'ours. A la fin de leurs vacances ils (6) .... quelques jours dans un village-vacances où il y (7) .... une piscine.

Sylvie et son frère (8) .... faire beaucoup de sports différents. Éric ne (9) .... pas faire d'équitation mais Sylvie (10) .... tous les sports proposés. Elle (11) .... du tennis et de la planche à voile. Ils (12) .... dehors toute la journée. Quand ils (13) .... de sport, ils (14) .... sur la plage avec leurs copains.

4 Qu'est-ce que tu as fait? C'était comment? Complète.

du babysitting ✔	avec les copains	trop froid/e	un gâteau	
des crêpes	ennuyeux/-se	pour l'école	très bonnes	amusant/e ✔
tout le chocolat	dans le jardin	toute la journée	la queue	
du vélo	la soupe	délicieux/-se	fatigant/e	intéressant/e

1 J'ai fait *du babysitting.* ....

2 C'était *amusant.* ....

3 Nous avons mangé ....

4 Il était ....
Elle était ....
Elles étaient ....

5 Il a travaillé ....

6 C'était ....

5 **Un mail**
Ecris un mail à un/e ami/e français/e dans lequel tu parles de tes dernières vacances.

Dans ton mail, tu …

- dis quand, où et avec qui tu es parti/e
- décris un événement ou une journée
- expliques où tu voudrais passer tes prochaines vacances

Ecris environ 120 mots.

6 **Langue en contexte**
Complète le texte. Choisis à chaque fois A, B, C ou D dans la liste. La première réponse (0) est donnée en exemple.

Regina a invité son correspondant Paul à passer deux semaines chez elle à Baden. Voici sa réponse:

Mail Fichier Édition Présentation Boîte aux lettres Message Format Fenêtre Aide

Nouveau message

A : reginaX3Z@wanloo.at

Objet : Re: invitation

Salut Regina,

Merci pour ton email. Je suis très (0) ..D....... de te voir bientôt. Encore deux (1) .... et je serai (2) .... Autriche. Je suis très (3) ....

C'est comment à Baden? Tu m'as écrit, que c'est près de Vienne.

J'aimerais bien (4) .... à Vienne, mais je voudrais faire un (5) .... de sport aussi. Qu'est-ce qu' (6) .... peut faire à Baden? Est-ce qu'on peut se (7) .... ? Il y a un (8) .... ou une piscine? On peut faire des balades à vélo?

Tu crois qu'on va me comprendre (9) .... je parlerai allemand? J'ai un peu la trouille, tu (10) .... , *ich bin noch nicht gut von deutch …*

Bon, on verra …

A (11) .... ,

ton ami Paul

0	A bien	B contente	C surprise	D content ✔
1	A fois	B jour	C semaines	D choses
2	A en	B l'	C d'	D à
3	A bien	B contents	C curieux	D beaucoup
4	A visiter	B venir	C aller	D être
5	A peu	B petit	C petite	D grand
6	A il	B on	C je	D un
7	A baigner	B nager	C jouer	D lever
8	A mer	B mère	C lac	D baignoire
9	A que	B quand	C car	D alors
10	A sais	B compris	C aussi	D pense
11	A suite	B plu	C lors	D bientôt

7 à / à la / au / à l' ou aux? Complète.

1 Elle répond .... question.
2 Il téléphone .... Madame Roquin.
3 Ils montrent le catalogue .... clients.
4 Elle explique le chemin .... étranger.
5 Je donne le livre .... copain de Nicolas.
6 Tu expliques le chemin .... dame?
7 Vous écrivez la lettre .... directeur?
8 Nous téléphonons .... employé de l'hôtel.
9 Ils répondent .... téléphone.
10 Il apporte les boissons .... touristes.

8 Quel est leur métier? Ajoute *à / à la / à l' / au* ou *aux*.

1 Cécile Maurin montre une robe .... dame. Elle est *vendeuse* .
2 Evelyne Gilbert pose des questions .... directeur. Elle est ....
3 Maurice Boldoni donne des conseils .... Mme Borin qui a la grippe. Il est ....
4 Marie Legrand explique l'exercice .... élève. Elle est ....
5 Jacqueline Rollins écrit des lettres .... clients. Elle est ....

9 Le travail de Marlène Surin

Elle est réceptionniste à l'Hôtel Terminus à Bordeaux.
Hier, elle a commencé à travailler à 7 heures et demie. Voici son travail:

Qu'est-ce qu'elle fait?

Elle donne la clé aux clients.

Continue.

10 Qu'est-ce qui va ensemble?

coiffeur	bureau
professeur	hôpital
journaliste	voiture
vendeuse	cheveux
secrétaire	café
mécanicien	argent
médecin	lycée
serveuse	article
employée de banque	magasin

11 Ils parlent quelle langue?

0 Les Japonais *parlent japonais* ....
1 Les Anglais ....
2 Les Américains ....
3 Les Espagnols ....
4 Les Belges .... et flamand.
5 Les Autrichiens ....
6 Les Suisses ...., ... et ....
7 Les Italiens ....
8 Les Canadiens .... et ....

12 Qui fait quoi? Trouve la combinaison.

QUI?	FAIT QUOI?	A QUI?
la vendeuse →	explique l'exercice	→ à la cliente
la journaliste	donne des renseignements	aux malades
le professeur	→ montre des vêtements →	aux gens
le docteur	apporte les boissons	aux élèves
le réceptionniste	donne des conseils	à la touriste
la serveuse	pose des questions	aux consommateurs

➲ *La vendeuse montre des vêtements à la cliente.*

13 Qui sont-ils?

a. Choisis un de ces personnages et écris une interview.

Dominique Sanchez	Gabriel Debray	Marie Mercier
– employé	– serveur	– assistante sociale
– Banque Nationale	– Le Grenadin	– 09 – 16 / 18h
– 09 – 17h	– 17 – 01h	– lundi à vendredi
– lundi à vendredi	– mercredi à dimanche	– donner / conseils / familles
– donner / conseils / clients	– donner / carte / clients	– poser / questions / enfants
– répondre / téléphone	– expliquer / plats / étrangers	– répondre / téléphone
– faire / correspondance	– apporter / boissons / clients	

b. Choisis un deuxième personnage et donne des informations sur lui.
➲ *Il s'appelle … Il est …*

14 Trouve le mot-clé.

0 tableau, cartable, craie, exercice ➲ ECOLE..............................
1 peintre, employé, vendeuse, avocat ➲ ....
2 costume, chemise, jupe, robe ➲ ....
3 téléphone, ordinateur, correspondance, secrétaire ➲ ....
4 médecin, infirmière, opération, malade ➲ ....
5 client, vendeur, caisse, vitrine ➲ ....
6 lit, fauteuil, armoire, bureau ➲ ....

15 Qui – où? Complète.

Le magasin .... il travaille n'est pas loin d'ici. Je ne sais pas .... elle a travaillé pendant les vacances. Ce sont mes parents .... veulent faire une croisière, pas moi! Dis-nous .... tu veux aller en été. C'est mamie .... a fait la cuisine, pas tante Isabelle. Il y a un lac .... on peut se baigner. Regarde là-bas, c'est le moniteur .... nous a appris à skier. Elle a une amie .... est italienne. Tu connais la dame .... nous a aidé?

16 Lis le blog de Guilaine et marque vrai (V) ou faux (F).

Guilaine | 30 septembre 20.. | 23h58

Je m'appelle Guilaine et depuis le début de ma carrière, je travaille dans les ressources humaines. J'ai une belle carrière et je suis responsable d'une équipe sympa. Tout le monde dit que j'ai un bon poste et que je dois être contente. Il y a beaucoup de gens qui m'envient. Mais franchement, je ne suis pas vraiment heureuse. Au début, j'avais envie d'évoluer et de prendre des responsabilités. Aujourd'hui, j'en ai marre. Mon travail ne me plait plus et j'ai besoin de changement.

Que faire? Comment trouver un autre poste? Le problème est que je ne sais pas ce que je veux. Je n'ai aucune idée de ce que je cherche. Je sais que je veux autre chose mais je ne sais pas quoi. De plus, j'ai 40 ans et décider et changer de métier sans savoir ce qu'on veut, c'est vraiment difficile. Mon entourage s'occupe aussi de mon problème. Mon mari cherche des annonces dans des journaux et quelques amis m'ont proposé de poser ma candidature dans leurs entreprises. Pour le moment, rien ne me dit. En même temps je m'imagine mal dans mon métier jusqu'à la retraite. Il me faut un travail passionnant qui me rend satisfaite.

Je pense vraiment qu'il me faut un break pour savoir ce qui me convient et pour mieux connaitre mes points forts et mes talents secrets.

Ajouter un commentaire
Partager ce post sur Twitter, Facebook, Google+

[1] le moniteur = *hier: der Schilehrer*

		V	F
0	Guilaine a toujours travaillé dans le même domaine.	☒	☐
1	Elle a des problèmes avec ses collègues.	☐	☐
2	Elle ne voulait jamais avoir beaucoup de responsabilité.	☐	☐
3	Elle pense qu'elle est trop âgée pour changer de travail.	☐	☐
4	Ses copains essaient de l'aider.	☐	☐
5	Guilaine a déjà trouvé un autre métier intéressant.	☐	☐
6	Guilaine voudrait arrêter de travailler pour un moment.	☐	☐

17

Langue en contexte

Coche la bonne réponse.

Cette année, j'ai ☒ **passé** ❑ **passe** ❑ **passer** une partie de mes vacances en Italie. J'ai une amie qui est italienne mais ❑ **que** ❑ **qui** ❑ **où** habite à Vienne. Pourtant elle a encore de la famille ❑ **en** ❑ **à** ❑ **dans** Italie, plus précisément à Lozzolo, un ❑ **ville** ❑ **petit village** ❑ **campagne** dans le Piémont, dans le Nord du pays. La famille de Laura a une ❑ **bel** ❑ **joli** ❑ **grande** maison familiale, mais la plupart du temps, la maison est vide, car les nombreux cousins, cousines, oncles et tantes ❑ **travail** ❑ **travaillent** ❑ **travaille** à Turin. Pendant notre séjour, nous étions donc plutôt seules à Lozzolo, avec la mère de ma copine.

Comme nous avions du travail à faire ❑ **c'est** ❑ **c'était** ❑ **c'étaient** parfait. Nous avons toujours bien ❑ **dormi** ❑ **dormir** ❑ **dormons**, travaillé à petites doses, et surtout très bien mangé. La mère de Laura a cuisiné ❑ **de** ❑ **à** ❑ **pour** nous. C'était parfait!

Quelquefois, nous sommes ❑ **allé** ❑ **allées** ❑ **aller** en ville, à Turin, pour faire les magasins, ❑ **rencontre** ❑ **rencontré** ❑ **rencontrer** des amis et aller voir des expositions.

Un jour, nous sommes allées au musée du cinéma. Le bâtiment m'a beaucoup plu, mais l'exposition n'était ❑ **aussi** ❑ **pas** ❑ **encore** trop intéressante.

Faire les magasins à Turin

1 Le passé composé avec *être*

Cherche dans la grille dix verbes qui forment le passé composé avec *être*.

F	H	S	P	A	R	G	P	A	L	N	X	P
N	**A**	**I**	**T**	**R**	**E**	Y	A	L	L	E	R	S
B	D	E	A	G	N	L	R	J	D	M	C	R
N	J	V	A	P	T	Q	T	S	E	M	Z	E
M	O	U	R	I	R	E	I	A	V	O	U	T
A	M	P	F	L	Ê	T	R	E	E	N	L	O
R	E	S	T	E	R	O	Z	N	N	T	H	U
V	E	N	I	R	Q	M	M	T	I	E	E	R
S	R	S	V	T	X	B	M	R	R	R	S	N
M	R	E	C	T	G	E	R	E	U	X	I	E
A	R	R	I	V	E	R	L	R	W	B	C	R
N	H	J	X	D	E	S	C	E	N	D	R	E

2 Ajoute la forme correcte du passé composé.

1 Je .... (aller) en Italie.
2 Elle .... (partir) à 9 heures.
3 Nous .... (venir) avec Paul.
4 Ils .... (ne pas rentrer) tard.
5 Tu .... (rester) seule?
6 Vous .... (arriver) à l'heure?
7 Il .... (ne pas monter) dans le train.
8 Tu .... (descendre) à la gare?

3 *être* ou *avoir*? Complète les phrases.

Nicole .... fait une excursion. Ses parents .... partis hier. Elle .... rentrée mercredi dernier. Ils .... joué au basketball. Tu .... rencontré tes copains? Elles .... trouvé une belle plage. Je .... rentré tard hier soir. Ils .... bien arrivés. Vous .... acheté un t-shirt? Elles .... allées à Genève samedi dernier. Ils .... fait du sport le weekend. Vous .... venus à quelle heure? Tu .... allé à la plage? Ils .... été à la montagne.

4 Ajoute *être* ou *avoir* à la forme correcte.

Nous .... arrivés à Arcachon vers 5 heures. Moi, je .... tout de suite allé à la plage. Papa .... d'abord téléphoné à Maman, après il .... venu aussi. Le soir, nous .... allés au restaurant où j' .... mangé des fruits de mer. Papa .... pris un steak comme d'habitude. On .... rentré à 22 heures. Après, j' .... regardé la télé, mais à 23 heures nous .... allés au lit.

Dimanche, nous .... dormi jusqu'à 10 heures. Comme il faisait beau nous .... pris notre petit déjeuner sur la terrasse. Après, on .... sorti pour faire les courses. L'après-midi, nous .... rencontré Pierre. Il .... allé à la plage avec nous et plus tard, nous .... diné ensemble. Il .... resté jusqu'à minuit. C'était une soirée sympa.

5 Relis les textes dans le livre (p. 16, p. 17 et p. 18) et complète les phrases.

a. Inès et Monique (1) .... chez tante Sylvia.
Elle (2) .... contente de les voir.
Monique et Inès (3) .... de vieilles photos dans le grenier.
Le soir, elles (4) .... à une fête.
C' (5) .... pas mal, mais Inès (6) ....

b. Roger (1) .... avec Max et Roland.
Il (2) .... à une heure.
Tout le monde (3) .... déjà au lit.
Dimanche, il (4) .... au lit jusqu'à 11 heures.
Son père (5) .... du jogging avec Manuel.
A 11 heures, ils (6)............................... le petit déjeuner.
Après, Roger (7) .... dans sa chambre.
Manuel (8) .... au stade avec ses copains.
La maison (9) .... calme.
Le soir, il (10) .... la télé.
Le film (11) .... bête.
Alors, il (12) .... à son jeu.

c. Sandrine (1) .... au parc.
Elle (2) .... beaucoup de photos.
C' (3) .... bien.
Elle (4) .... Mario.
Il (5) .... avec une fille.
Mario (6) .... avec Sandrine.

6 Tu t'es bien amusé? Réponds aux questions.

0 Tu t'es bien amusé, Pierre? Oui, *je me suis bien amusé.*
Elles se sont dépêchées? Non, *elles ne se sont pas dépêchées.*

1 Vous vous êtes baignés? Oui, ...
2 Tu t'es couchée tard, Marie? Non, ...
3 Ils se sont disputés? Non, ...
4 Vous vous êtes levés tôt? Oui, ...
5 Tu t'es maquillée? Oui, ...
6 Tu t'es brossé les dents? Oui, ...
7 Vous vous êtes habillés? Non, ...
8 Elle s'est reposée un peu? Non, ...

7 Mets au passé composé.

0 On s'amuse bien. *On s'est bien amusés.*
1 Elle se lève tard. ....
2 Tu te dépêches? ....
3 Elle ne se maquille pas. ....
4 Vous ne vous baignez pas? ....
5 Ils s'habillent. ....
6 Tu ne te disputes jamais. ....
7 Nous nous ennuyons. ....
8 Elle s'occupe du bébé. ....

8 Normalement …

Ils font toujours la même chose, mais hier tout était différent. Termine les phrases d'après l'exemple.

0 Jeanne: Je me lève toujours à 7 heures, mais hier *je me suis levée à 8 heures.*
(8 heures)
1 Roland: Je me lave toujours avant le petit déjeuner, mais hier ....
.... (après)
2 Catherine: Je me couche toujours à 10 heures, mais hier ....
.... (11 heures)
3 Inès: Ma cousine se dépêche toujours avec le petit déjeuner, mais hier ....
....
4 Mario: Mes parents s'habillent toujours dans leur chambre, mais hier ....
.... (salle de bains)

5 Monique: Mon frère se réveille toujours à 8 heures, mais hier ....
.... (7 heures)

6 Isabelle: Nous nous amusons toujours bien chez Yves, mais hier ....
....

7 Monsieur Roland: Je me promène toujours après le déjeuner, mais hier ....
....

8 Marc et Sophie: On ne s'ennuie jamais, mais hier chez tante Mathilde ....
....

9 Forme des phrases au passé composé avec les éléments suivants.

0 je / arriver / en retard
Je suis arrivé/e en retard.

1 Manuel / faire du jogging / hier matin
....

2 nous / prendre / le bus
....

3 ils / retourner / dans leurs chambres
....

4 elle / trouver / de l'argent dans la rue
....

5 mon frère / aller / à une fête au village
....

6 tu / rentrer / tôt
....

7 vous / avoir / une bonne note
....

8 je / rester / jusqu'à mercredi
....

9 Marc / venir / à 6 heures
....

10 elle / sortir / avec sa copine
....

11 nous / devoir / faire les courses
....

Manuel a fait du jogging hier matin.

10 Commente les événements.

0 Elle a gagné à la loterie. | contente
Elle était contente.

1 Ils n'ont pas gagné le match. | tristes
....

2 Elles ont mangé au restaurant. | excellent
....

3 Nous avons regardé ce film. | ennuyeux
....

4 J'ai écouté son nouveau CD. | fantastique
....

5 Ils ont regardé les photos. | intéressantes
....

6 J'ai mangé tous les beignets. | très bons
....

7 Nous sommes allés au musée. | pas mal
....

8 Elle a fait un gâteau. | délicieux
....

11 Le passé composé et l'imparfait

a. Mets ces phrases au passé.

passé composé	imparfait
Rosalie quitte la maison à 7 heures 30. Elle prend son parapluie. Elle va à la station de métro. Elle arrive au collège à 8 heures moins 10.	Il pleut. Il y a beaucoup de monde. Sa copine est déjà là.
Christian met ses baskets. Il cherche son ballon. Il va dans le jardin. Il retourne dans la maison.	Il veut jouer au football. Il fait froid.

b. Ecris deux textes cohérents. Choisis parmi les expressions de la case pour relier les phrases.

alors quand puis après où parce que
c'est pourquoi enfin plus tard donc

12 **Marcel et Thomas ont passé cinq jours à Paris.**
Ils racontent ce qu'ils ont fait / visité et disent comment c'était.

Exemple: Notre-Dame – impressionnant/e
➲ *On a visité Notre-Dame, c'était impressionnant.*

Continue.

la visite du Louvre – ennuyeux/-se
la vue de la Tour Eiffel – magnifique
les quais de la Seine – très romantique
la visite du château de Versailles – fatigant/e
les magasins – très cher / chère
Montmartre – super cool
Disneyland Paris – trop loin
le Musée d'Orsay – pas mal
le métro – stressant/e

13 **Cherche les sept mots cachés à propos de Paris.**

A	X	F	B	T	D	O	L	N	Z	O	P	Y	N
S	I	V	E	R	S	A	I	L	L	E	S	H	O
U	I	C	S	J	E	F	I	Y	R	T	M	E	T
D	E	E	R	T	R	A	M	T	N	O	M	O	R
C	**H**	**A**	**M**	**P**	**S**	**E**	**L**	**Y**	**S**	**É**	**E**	**S**	E
J	Q	V	T	O	U	R	E	I	F	F	E	L	D
X	N	A	I	C	S	V	E	A	C	G	N	E	A
A	D	S	B	H	I	U	A	V	I	E	I	Y	M
M	U	S	É	E	D	O	R	S	A	Y	E	I	E
S	F	R	Z	O	J	L	V	A	U	N	S	R	T

les *Champs Elysées* ....
le ....
....
la ....
la ....
....
le ....
la ....

14 Stell Fragen an bestimmte Personen.

faire les courses ✔ • téléphoner à Mamie • aller chez le dentiste • prendre des photos • sortir avec Julien • voir mes lunettes • rentrer tard • rester à la maison • faire tes devoirs • rencontrer Philippe • retrouver tes clés • avoir mon message

➲ *Elise, tu as fait les courses?*

Continue.

15 Langue en contexte

Complète le texte avec les mots qui manquent.

Laurent, 8 ans, écrit dans sa rédaction de lundi:

Mon weekend

Samedi matin, je suis allé au marché avec ma petite sœur et (0) ____ parents. Moi, j'aime beaucoup, parce que Papa m'achète toujours (1) ____ hot dog. Après, papa a fait la cuisine. Il fait toujours la cuisine (2) ____ samedi. Samedi dernier c'était un plat asiatique. Ce n'était (3) ____ mal, mais moi, je préfère la cuisine française. L'après-midi était un peu ennuyeux, alors j'ai regardé (4) ____ télé. A 5 heures, tante Ursule (5) ____ venue. Je ne l'aime pas trop, parce qu'elle parle très fort, mais elle m'apporte toujours (6) ____ chocolat. Elle est restée jusqu'au diner. Après, nous avons regardé un film ensemble. C'était samedi, alors je ne suis pas allé au lit à 8 heures (7) ____ demie comme d'habitude. Le film était assez rigolo au début, mais (8) ____ tard, il est devenu un peu ennuyeux et je me suis endormi.

0 mes .... **1** .... **2** .... **3** ....
4 .... **5** .... **6** .... **7** ....
8 ....

16 Une carte postale

a. Lis la carte postale. Quelques lignes sont correctes, dans d'autres lignes il y a un mot de trop. Corrige le texte et écris le mot de trop ou coche (✔) à droite. Regarde les exemples.

Cher Papi,

Nous sommes bien arrivés à Deauville. Notre hôtel	...✔....... (0)
est tout près de la mer et nous sommes ~~pas~~ tout de suite	...pas....... (00)
allés nager. L'eau était un peu de froide, mais elle était	.... (1)
bonne. Hier nous avons fait une excursion au	.... (2)
Mont-Saint-Michel. C'était vraiment jamais intéressant.	.... (3)
Malheureusement il y avait trop de le monde.	.... (4)
On avons rentre dans trois jours.	.... (5)

Bisous, Camille

b. Relis la carte postale et réponds aux questions.

- Où est-ce que Camille a passé ses vacances?
- Qu'est-ce qu'elle a fait après son arrivée?
- A ton avis, avec qui est-ce qu'elle a passé ses vacances?
- Où sont-ils allés hier?
- C'était comment?

c. Cherche Deauville et le Mont-Saint-Michel sur Internet et note trois ou quatre informations sur ces deux endroits.
Schreib nicht einfach ein paar Sätze aus dem Internet ab, sondern fasse die Informationen in drei bis vier einfachen Sätzen zusammen!

Le Mont-Saint-Michel

17 Tu as passé quelques jours à Paris.

Ecris une carte postale à un/e ami/e.

Tu racontes …
- quelles activités tu as déjà fait
- quelle spécialité tu as déjà mangé
- ce que tu vas encore faire

Ecris environ 100 mots.

18 Un mail

Le weekend passé, c'était ton anniversaire. C'était un weekend spécial parce que tes amis avaient une surprise pour toi.

Dans un mail à ton copain français, tu …
- décris ce que tu fais d'habitude le weekend
- racontes la surprise de tes amis le weekend dernier
- dis ce que tu vas faire le weekend prochain

Ecris un mail d'environ 120 mots.

1 Le futur

Remplis la grille par la forme correcte des verbes suivants:

être – boire – finir – aller – prendre – arriver

						R	A	I	
						R	A	S	
						R	A		
						R	O	N	S
						R	E	Z	
						R	O	N	T

2 Mets au futur.

je fais	....	il change	....
nous sommes	....	tu manges	....
tu vas	....	nous faisons	....
vous avez	....	elles font	....
elle prend	....	vous sortez	....
ils finissent	....	je suis	....

3 Quand je serai grand … Ajoute la forme correcte du futur.

Nicolas, 7 ans, rêve:
Quand je (0) ..serai....... (être) grand, je (1) .... (aller) aux Etats-Unis, je (2) .... (gagner) beaucoup d'argent, je (3) .... (être) millionnaire, je (4) .... (faire) venir mes parents, on (5) .... (habiter) ensemble dans une grande maison, on (6) .... (avoir) une piscine et un terrain de football.

Un « rêve » un peu plus réaliste:
Après le bac, Marc (1) .... (faire) médecine. Après ses études, il (2) .... (aller) à l'étranger où il (3) .... (travailler) dans un hôpital. Plus tard, il (4) .... (se marier) et il (5) .... (ouvrir) un cabinet. Il pense qu'il (6) .... (être) un bon docteur et qu'il (7) .... (gagner) bien sa vie.

4 Qu'est-ce que tu feras …

- demain après-midi
- samedi prochain
- dans une semaine à la même heure
- aux prochaines vacances
- après le bac

?

5 Qu'est-ce qu'il fera cette semaine?

La prochaine semaine

annuler mon cours de gym
déjeuner avec Christian
anniversaire de Darla (acheter des fleurs)
rédiger mon exposé
changer l'ampoule dans la salle de bains
réparer mon vélo
aller voir mémé
téléphoner à Pascale

Il annulera son cours de gym. Il …

Continue.

6 Ajoute la forme correcte de *se plaindre* au présent.

1 Il .... toujours!
2 Nous ne .... pas.
3 Je ne ...., mais …
4 Ils .... du service.
5 Ne .... pas!
6 Vous .... tout le temps!

7 Sujet ou objet?

0 Voilà enfin une personne **qui** me comprend. ➲ ..S....
1 C'est le sportif qui a gagné hier. ➲ ......
2 J'ai enfin trouvé le livre que je cherche depuis une semaine. ➲ ......
3 C'est bien le numéro qu'il nous a donné? ➲ ......

4 Elle a fait quelque chose que personne ne comprend. ➲ ......
5 Elle veut réparer le vélo qu'elle a trouvé. ➲ ......
6 Il doit payer la vitre[2] qu'il a cassée. ➲ ......
7 Tu connais le joueur qui a marqué les deux buts? ➲ ......

8 *Qui*, *que* ou *qu'*? Complète.

Il ne trouve pas la rue (0) .qu'.... il cherche. Albert achète les skis (1) .... je lui ai montrés hier. C'est la dame de l'office du tourisme (2) .... m'a donné cette information. Patrick est quelqu'un (3) .... sait vraiment jouer au football. Madame Corin préfère l'avion (4) .... part à 11 heures 35. Sur le bureau, il y a le programme (5) .... Gérard nous a donné. Montre-moi le DVD (6) .... Nathalie a acheté la semaine dernière. Je ne connais pas les enfants (7) .... sont venus chez moi hier. Regarde le catalogue (8) .... se trouve sur la table. Donne-moi la photo (9) .... tu as à la main! Elle a vu une fille (10) .... pleurait. Je veux inviter un copain (11) .... tu ne connais pas encore. Tu aimes le DVD (12) .... je t'ai donné? Tu connais le joueur (13) .... a mis 12 paniers?

9 Forme des phrases reliées par *qui* ou *que*.

Tu connais l'homme →	qui →	tu as acheté hier?
Vous voyez la voiture		j'ai fait pour Nicole?
Tu me montres le pull		est assis à côté de Marc?
Tu connais le livre		font nos voisins?
Elle a lu l'article	que	est garée au coin de notre rue?
Il préfère les fruits		je lis en ce moment?
Tu veux voir le dessin		Florence a écrit?
Tu entends le bruit		viennent de notre jardin.

10 Une devinette: Qu'est-ce que c'est? Qui est-ce?

1 Un véhicule qui transporte beaucoup de personnes à la fois, mais que tu ne .... vois pas dans la rue.
➲ ....
2 Une personne que tu connais bien, mais qui ne te connait pas.
➲ ....
3 Quelque chose qui est sous ton nez, mais que tu ne vois pas.
➲ ....
4 Quelque chose qui est précieux, mais que tu ne peux pas acheter.
➲ ....

[2] la vitre = *die Fensterscheibe*

11 Pourquoi? Comment? Faites le plus de phrases possibles.

Exemples: *Je ne suis pas sorti parce qu'il pleuvait.*
Quand ils sont rentrés, il pleuvait.

Evénement		**Situation *(Begleitumstände)***
Je ne suis pas sorti,		il faisait chaud.
Ils n'ont pas fait d'escalade,		il y avait trop de monde sur la plage.
Elle est allée à la mer,	parce que	il neigeait et il faisait froid.
Elle n'a pas joué au volley,	parce qu'	il pleuvait.
Nous sommes partis tôt,		elle était très fatiguée.
Quand ils sont rentrés,		on voulait arriver avant dix heures.
Nous ne nous sommes pas baignés,		c'était trop dangereux.
Quand nous sommes arrivés,		

12 Alice et Magali

Relis le dialogue page 119 du livre.

Un jour plus tard, Alice retrouve Magali. Ecris le dialogue entre les deux filles.

Dans leur conversation, ...
- Alice se plaint de la nouvelle idée de ses parents
- Magali lui donne quelques conseils

13 Voici quelques phrases très énervantes que les parents disent.
Imagine ta réponse énervée.

0 Range ta chambre! *Je le ferai plus tard.*
1 Tu as sorti la poubelle? ....
2 Réponds-moi quand je te parle! ....
3 Ne me parle pas sur ce ton! ....
4 C'est qui ce garçon? ....
5 Tes cheveux sont gras! ....
6 C'est quoi ce bouton? ....
7 Arrête de manger des bonbons avant le repas! ....
8 Tu as eu tes notes? ....

14 Ce que j'en pense … Finis les phrases.

1 Je crois que le scooter …
2 La voiture sans permis, je trouve que …
3 Se déplacer à pied, pour moi, …
4 Selon moi, prendre les transports en commun, …
5 A mon avis, prendre le vélo …
6 Je pense que le métro …

15 Article de journal

Tu as gagné une journée d'essai pour une voiture sans permis. Après cette journée, tu rédiges tes impressions dans un petit article pour le journal du lycée!

Dans ton article, tu …
- racontes où tu as gagné cette journée
- parles de tes expériences avec la voiture sans permis
- expliques si tu recommandes une telle voiture à des jeunes

Donne **un titre** à ton article. Ecris environ 150 mots.

16 Moi, je pense …

Dans un blog, tu as lu ces réactions sur les voitures sans permis. Tu décides d'écrire aussi une entrée.

Dans ton entrée, tu …
- expliques les avantages des voitures sans permis
- parles des inconvénients
- donnes ton avis personnel

Ecris une entrée d'environ 120 mots.

1 Les formes des verbes. Remplis la grille.

présent	imparfait	passé composé
je vais		
ils finissent		
il vient		
nous prenons		
vous avez		
elles mettent		
je prends		
tu apprends		
elle écrit		
nous voyons		
vous lisez		
ils ont		
je suis		
tu réponds		
elle attend		
nous descendons		
vous faites		
ils partent		

2 Ajoute la forme correcte du passé composé.

La semaine dernière ...

Mes amis (0) *sont venus* (venir) de Bordeaux pour faire du ski. Nous (1) .... (aller) à la montagne ensemble. Moi, je (2) .... (faire) du snowboard, les autres (3) .... (faire) du ski. A midi, nous (4) .... (manger) au restaurant, ensuite, nous (5) .... (se reposer) un peu. A 5 heures nous (6) .... (rentrer). Le soir, nous (7) .... (ne pas sortir), nous étions trop fatigués. Je (8) .... (s'endormir) dans mon fauteuil. Le lendemain, nous (9) .... (dormir) jusqu'à 10 heures. Après le petit déjeuner, mes amis (10) .... (se dépêcher). Ils (11) .... encore .... (aller) faire du ski. Moi, je (12) .... (retourner) au lit.

3 Forme des phrases au passé et relie-les avec une des expressions de la case.

parce que	quand	où	alors	donc	c'est pourquoi

nous / rester à la maison – faire froid
➲ *Il faisait froid, nous sommes donc restés à la maison.*

Marc / aller / au stade / hier après-midi – beaucoup de monde.
➲ *Marc est allé au stade hier après-midi où il y avait beaucoup de monde.*

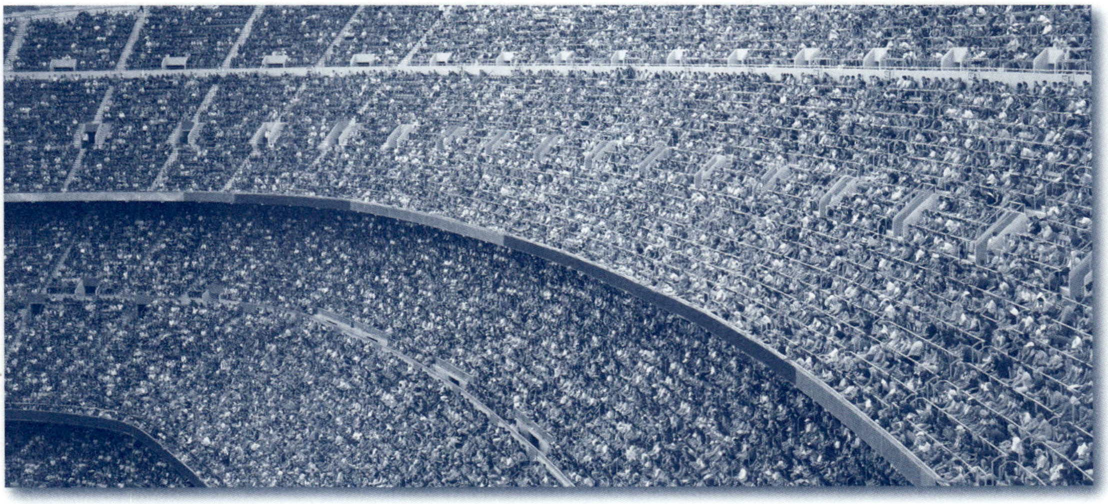

1 notre équipe / gagner le match – nous / excités
2 hier / nous / faire / un tour en VTT – fatigués
3 la semaine dernière / je / jouer / pétanque – faire chaud
4 tante Mathilde / arriver / hier soir – très fatiguée
5 dimanche dernier / elle / aller / à la mer – beau temps
6 ma mère / ne pas aller skier – avoir mal au pied
7 nous / passer / deux semaines / en Normandie – pleuvoir souvent

4 Cherche l'intrus.

avoir	monter	être	manger
partir	sortir	finir	venir
chanter	rentrer	trouver	donner
arriver	retourner	changer	entrer
descendre	apprendre	attendre	comprendre
chercher	oublier	tomber	ranger

5 Ajoute les verbes de la case au passé composé.

se disputer   se dépêcher   se reposer ✔   s'endormir
s'habiller   se baigner   s'occuper   s'amuser

0 Après le déjeuner, il *s'est reposé* un peu.
1 Ils .... pour ne pas manquer leur train.
2 La semaine dernière, je .... dans la mer.
3 Elle .... vite .... parce qu'elle était en retard.
4 Hier, elle .... avec son frère.
5 Nous .... de notre petite sœur qui était malade.
6 Je ne .... à la fête d'Alain parce que j'étais trop fatigué.
7 Je .... sur le canapé.

6 A quoi est-ce qu'ils jouent?

0 Marc / tennis   *Marc joue au tennis.*
1 enfants / basketball   ....
2 Solange / jeux vidéo   ....
3 hommes / pétanque   ....
4 Pierre et Sylvie / échecs   ....
5 nous / football   ....
6 copains / hockey   ....
7 je / beach-volley   ....
8 tu / cartes?   ....

7 A quoi est-ce que tu joues?

Je joue souvent au basketball, mais je ne joue jamais au volleyball.
Ma cousine joue parfois au tennis et à la pétanque.

Ecris six phrases d'après ces exemples.

8 Ajoute la forme correcte de *savoir* ou *pouvoir*.

0 Il a quel âge, votre fils? – Cinq ans, mais il *sait* déjà lire.
1 Tu .... danser? – Oui, mais je ne .... pas danser la valse.
2 Je ne .... pas danser ce soir, j'ai mal au pied.
3 Tu .... nous faire une omelette? – Non, je ne .... pas faire la cuisine.

4 Tu viens avec nous, Amélie? On fait une promenade à vélo. – Je ne .... pas faire du vélo, moi.
5 Vous .... jouer aux échecs? – Oui, mais je ne joue pas très bien.
6 Tu pars en classe de neige? – Non, je ne .... pas skier.
7 Tu notes le numéro? – Je ne .... pas, je n'ai pas de stylo.
8 Tu .... le noter sur ton portable. – Non, il n'est pas chargé.[3]

9 Ajoute le verbe qui va avec les trois expressions.

je vais · nous sommes · tu viens · elle a · ils quittent
vous prenez · tu mets · ils savent · il fait

....	son devoir. du tennis. froid.	....	faim. soif. peur.
....	à l'heure. en retard. en vacances.	....	à la piscine. au lycée. au stade.
....	de l'école. d'Autriche. de ta copine.	....	votre petit déjeuner. une douche. un café.
....	la maison. la ville. la salle de classe.	....	un débardeur. ta robe verte. un manteau.
....	nager. lire. patiner.		

10 Ajoute la préposition correcte.

Je n'ai jamais été .... Espagne. Ma copine va souvent .... Allemagne. J'ai de la famille .... Maroc. La semaine prochaine on va aller .... Suisse. Ma cousine habite à Baden, c'est .... Basse-Autriche. Roger n'est pas là, il est .... Portugal. Tu veux vraiment émigrer .... Canada? Mon père est en voyage d'affaires .... Russie. Nous avons passé nos vacances .... Carinthie. Pierre a passé ses vacances .... Italie. J'aimerais faire mes études .... Etats-Unis. .... Autriche, il fait froid en hiver. Je vais .... Tyrol pour faire du ski. Tu as déjà été .... Belgique? Ma mère va souvent .... Grèce.

[3] chargé/e = *geladen*

11 Pourquoi est-ce qu'ils veulent y aller?

Béatrice / Italie / visiter / Rome ➲ *Béatrice veut aller en Italie pour visiter Rome.*

1 Céline / Turquie / se baigner
2 Raymond / Canada / travailler
3 Victorine / Angleterre / aller voir sa correspondante
4 Grégoire / Hongrie / visiter Budapest
5 Marie / Etats-Unis / travailler comme fille au-pair
6 Eloïse / France / apprendre le français
7 Fatima / Maroc / voir sa famille
8 Nicolas et Maryse / Croatie / faire de la planche à voile
9 Christine / Irlande / faire de l'équitation

12 Un quiz: Où ont-ils passé leurs vacances?

Regarde dans un atlas ou sur un service de cartographie en ligne pour trouver toutes les réponses.

1 Le pays où Michel a passé ses vacances se trouve en Afrique du Nord. Il y a la Méditerranée au nord et la côte atlantique à l'ouest.
Michel a passé ses vacances ....

2 Monsieur et Madame Rodin ont passé leurs vacances au bord d'un lac. Une partie de ce lac se trouve en France.
Ils ont passé leurs vacances ....

3 Le pays où Nathalie a passé ses vacances est en Europe, mais assez loin de la France. C'est un pays plat avec un grand lac au centre.
Nathalie a passé ses vacances ....

4 Mireille est allée loin. Elle a passé ses vacances dans un pays où on parle anglais et français. Ce pays est très grand, mais dans le nord on y trouve très peu d'habitants.
Mireille est allée ....

5 Monsieur Fagnon aime la mer, mais il n'aime pas la chaleur. Alors, il a passé ses vacances dans un pays qui se trouve au nord de la France. On y parle français et flamand.
Il est allé ....

6 Madame Sarini s'intéresse à l'archéologie et elle aime la chaleur. Elle est donc allée dans un pays dans le sud-est de l'Europe.
Elle a été .... ou ....

13 Langue en contexte

Trouve les mots qui manquent. Il y a deux mots de trop.

aller	pouvait	choisir ✔	fait	faire
où	que	qui	réviser	y

Cher Marc,
je suis rentré hier de notre semaine de sport. C'était bien, on pouvait (0) ..choisir.. parmi plein d'activités. Moi, j'ai fait du badminton tous les jours. La seule chose (1) .... ne m'a pas plu, c'est qu'on ne (2) .... pas se baigner. Tu sais que j'adore nager. Mais bon, on ne peut pas tout avoir.
L'hébergement était très bien, on habitait dans de petits appartements (3) .... on pouvait aussi (4) .... la cuisine. Le soir, on faisait des crêpes et parfois des salades comme la salade niçoise par exemple. Tu sais (5) .... j'adore ça. Bien sûr que pour l'école, on n'a pas vraiment fait grand-chose. Notre prof nous a dit de (6) .... nos cours d'allemand, mais on avait autre chose à faire – tu comprends. Bon, j'espère qu'elle ne va pas trop se fâcher qu'on n'ait pas (7) .... nos devoirs. Nous, on va nous revoir samedi, n'est-ce pas?
A bientôt alors,
Stéphane

14 Complète le texte.

Moi, je fais (0) ..de l'.. escalade depuis trois ans. C'est un sport extrême et j'aime bien. Je le pratique en salle, mais (1) .... printemps et (2) .... été, je préfère aller dehors. J'aime la nature et la montagne. (3) .... hiver, je fais (4) .... ski, parfois aussi (5) .... snowboard. Je n'aime pas tellement (6) .... sports d'équipe. Alors, je ne joue pas au foot ou (7) .... volley. Une fois, j'ai essayé de faire (8) .... planche à voile. C'était une catastrophe. Je ne m'intéresse pas seulement (9) .... sport, j'aime aussi (10) .... musique. En fait, j'ai commencé à jouer de la guitare en septembre.

15 Langue en contexte

Lis les textes sur le sport. Il y a des mots qui manquent. Choisis les mots corrects (A – R) pour chaque blanc (1 – 15). Il y a deux mots de trop. Ecris dans la grille.

Le sport, je n'aime pas du tout. Je dois faire de la gymnastique et (0) ____ volley-ball au collège, mais quand j'ai du temps libre, je ne (1) ____ pas beaucoup de sport. En été, je vais à la plage (2) ____ les copains. On nage et on joue (3) ____ beach-volley, mais c'est juste pour nous amuser.

Le sport que j'aime surtout, c'est le foot. Je joue dans une équipe et on s'entraine deux fois (4) ____ semaine. Notre équipe n'est pas mal. Cette année, nous avons (5) ____ cinq matchs sur six. Mais comme j'ai des examens bientôt, je ne peux plus jouer. C'est vraiment dommage. J'espère que je pourrai recommencer au (6) ____ .

Cet été, je suis partie en colonie de vacances. C'(7) ____ très cool. Nous avons fait beaucoup de sport. Il y (8) ____ un grand choix de sports différents. Moi, je n'aime pas tellement les sports aquatiques, j'ai un peu peur de l'eau. Donc, j'ai choisi l'escalade et l'équitation. C'était la première fois que je montais à (9) ____, mais ça s'est bien passé. Je ne suis même pas (10) ____ . Quant à l'escalade, ce n'est pas mon truc.

Quand j'étais petite, je (11) ____ du roller. J'aimais beaucoup. Mais à huit ans, j'ai (12) ____ un accident. C'est pourquoi je ne fais plus de roller maintenant. Le docteur dit (13) ____ c'est trop dangereux pour moi. Pendant quelques mois, je n'ai fait (14) ____ sport, mais après, j'ai commencé à faire du vélo. Je dois faire attention à mon pied, bien sûr, mais en général, je n'ai pas (15) ____ problèmes. J'ai même gagné une course.

A avait	**B** avec	**C** au	**D** aucun
E cheval	**F** de	**G** du ✔	**H** était
I eu	**J** fais	**K** faisais	**L** football
M gagné	**N** par	**O** printemps	**P** que
Q tombée	**R** toujours		

0	1	2	3	4	5	6	7
G							

8	9	10	11	12	13	14	15

16 Un mail

Tu as pris une de ces trois photos pendant tes dernières vacances. Tu l'envoies à ta / ton meilleur/e ami/e par mail avec un message.

Tu lui racontes …

- où et avec qui tu as passé tes vacances
- ce que tu as fait
- où et dans quelles circonstances tu as pris cette photo

Ecris un mail d'environ 120 mots.

1 Complète la grille.

présent	imparfait	passé composé	futur
je pars			
		tu as fait	
	il descendait		
			nous lirons
vous répondez			
elles sont			
	j'avais		
		tu as dit	
elle se plaint			
			nous écrirons
vous pouvez			
	ils prenaient		
			je mettrai
tu finis			
		il est devenu	
			nous viendrons
vous conduisez			
	elles allaient		

2 L'an 3000. Ajoute la forme correcte du futur simple.

Roland: Est-ce que tu penses qu'il y (1) .... (avoir) encore des hommes sur la terre?
Nicole: Je pense qu'il n'y (2) .... (avoir) plus personne.
Roland: Tu crois vraiment que personne ne (3) .... (vivre) sur cette terre en l'an 3000?
Nicole: J'en suis sûre. Les hommes (4) .... (quitter) la terre pour vivre sur d'autres planètes.
Roland: Et comment est-ce qu'ils y (5) .... (vivre)?
Nicole: Leur vie (6) .... (être) très différente de la nôtre. On ne (7) .... (manger) plus, on ne (8) .... (boire) plus rien, on (9) .... (prendre) des pilules pour se nourrir. Les enfants n' (10) .... (aller) plus à l'école. Ils (11) .... (apprendre) avec des ordinateurs. On (12) .... (avoir) seulement des arbres artificiels. Le soleil aussi (13) .... (être) artificiel ...
Roland: Arrête! Je ne peux plus t'écouter, tu es vraiment pessimiste!

3 Prépositions

Ajoute les prépositions qui manquent. Choisis parmi les expressions de la case.

avant	sans	après	entre	à	chez	jusqu'	pour	
en face	en	avec	en	pour	près	pendant	depuis	à

Aujourd'hui, c'est le premier jour des vacances! Ce matin, je me suis levé (1) .... 8 heures. (2) .... le petit déjeuner, j'ai décidé d'aller faire une promenade (3) .... mon chien (4) .... me détendre. Nous nous sommes promenés (5) .... à 9 heures 30. (6) .... hiver, il fait vraiment froid (7) .... nous, alors en rentrant j'ai fait un café bien chaud. (8) .... que je buvais mon café, mon copain Paul a téléphoné. Il habite (9) .... du parc, juste (10) .... du cinéma. Il m'a proposé de faire du skateboard (11) .... le déjeuner. Paul et moi, nous sommes amis (12) .... l'école maternelle, c'était (13) .... 1999! L'année prochaine, il veut partir (14) .... un semestre (15) .... l'étranger. Il hésite (16) .... la Norvège et l'Angleterre. Je vais m'ennuyer (17) .... lui!

4 Pronoms

Pour chaque dialogue, entoure le bon pronom!

A: J'ai rendez-vous demain avec Miriam.
B: Non? C'est vrai? Tu as rendez-vous avec **| elle | la | lui |**?

A: Ne le dis à personne!
B: Ne t'inquiète pas, je ne / n'**| en | y | le |** parlerai pas!

A: Je pense tout le temps aux vacances.
B: Arrête de / d' **| le | y | il |** penser! C'est dans deux mois!

A: J'adore ta robe!
B: Je **| la | l' | nous |** ai achetée hier.

A: J'ai dit à mes parents que je partais à l'étranger le semestre prochain.
B: Quoi! Tu **| lui | leurs | leur |** as dit ça!

A: Hier j'ai couru le marathon de Vienne.
B: Je suis fière de toi. Je ne pensais pas que tu **| lui | le | l' |** ferais!

A: Tu as vu le dernier film de Benoît Poelvoorde?
B: Non, je ne **| le | l' | lui |** ai pas vu.

1 Madame Levallois parle de sa jeunesse. Ajoute la forme correcte de l'imparfait.

Quand je (1) .... (être) une jeune fille, nous ne (2) .... (avoir) pas de voiture, bien sûr. Alors, on (3) .... (marcher) beaucoup. Pour aller au village voisin par exemple, on (4) .... (mettre) une heure environ. Moi, je (5) .... (faire) souvent ce parcours. Mon ami Paul (6) .... (habiter) là-bas. Lui, il (7) .... (avoir) un vélo, moi, je n'en (8) .... (avoir) pas. Le vélo aussi (8) .... (être) un luxe. Je (9) .... (marcher) beaucoup, les chaussures (10) .... (faire) mal aux pieds. Elles (11) .... (être) trop petites. A l'époque, les chaussures (12) .... (passer) d'une génération à l'autre, de frère en frère, de sœur en sœur.
Nous (13) .... (être) huit enfants, moi la plus jeune.

2 Quand j'avais 5 ans ... Qu'est-ce que tu faisais à cet âge-là?

- aller à l'école?
- jouer toute la journée?
- pleurer souvent?
- aller à la maternelle?
- savoir lire? savoir écrire?
- rester seul/e à la maison?
- savoir nager?
- sortir seul/e?

Ecris des phrases complètes à l'imparfait.

3 Décris la carte postale en quelques phrases.

Autrefois, il y avait moins de voitures qu'aujourd'hui. Il y avait plus de vélos ...

Marseille, 1920

Et ta ville / ton village? C'était comment autrefois?
Qu'est-ce qui[4] existe aujourd'hui qui n'existait pas?
Qu'est-ce qui était plus petit? Plus grand?
Que faisaient les gens?
Qu'est-ce qu'ils ne faisaient pas (si souvent)?

[4] qu'est-ce qui = *was*

4 Complète le texte avec les mots suivants.

avait dormaient (2x) était (2x) étaient
existait partageaient passait

Une chambre à toi tout/e seul/e – un luxe?
Aujourd'hui la plupart des enfants ont une chambre à eux. Quelquefois ils la partagent avec leur frère ou leur sœur. Autrefois ça (1) .... à peine. Les familles (2) .... plus nombreuses et les appartements trop petits pour réserver une chambre à chaque enfant. Normalement tous les enfants (3) .... une chambre ou, si l'appartement (4) .... très petit, ils (5) .... dans la même chambre que les parents.
A la campagne il y a (6) .... souvent une grande cuisine où on (7) .... les journées, surtout en hiver, parce que c'(8) .... la seule pièce chauffée, et une ou deux chambres (froides) où (9) .... tous les membres de la famille.

Pourquoi les enfants n'avaient pas de chambre à eux autrefois? A la campagne, où se trouvait toute la famille en hiver? Pourquoi?

5 La journée de Madame Rinaldi.

a. Remets ces phrases dans l'ordre.

...... Elle fait les courses au supermarché.
...... Elle arrive en bas de chez elle.
...... Elle met la table.
...... Elle dit bonjour aux enfants.
..1... Madame Rinaldi quitte son travail.
...... Elle prend le métro.
...... Les enfants débarrassent la table.
...... La famille dine ensemble.
...... Elle rentre.
...... Elle prépare le diner.

b. Mets les phrases au passé composé.

Hier, Madame Rinaldi a quitté son travail. ...

6 Qu'est-ce qui va ensemble?

passer → l'aspirateur	la vaisselle
débarrasser	le linge
préparer	la salle de bains
faire	l'aspirateur
nettoyer	du pain
prendre	la table
faire	le lave-vaisselle
acheter	la poubelle
descendre	le repas
remplir	une douche

7 Au travail! Emploie le futur pour donner des ordres.

0 tu / ramasser les papiers .... *Toi, tu ramasseras les papiers!*
1 tu / passer l'aspirateur ....
2 eux / faire la poussière ....
3 vous / laver la vaisselle ....
4 tu / ranger tes affaires ....
5 vous / remettre les chaises à leur place ....
6 tu / descendre la poubelle ....
7 moi / faire les courses ....
8 nous / mettre en ordre la cuisine ....

8 Qu'est-ce qu'ils sont en train de faire?

Sophie

Hélène

Marie-Laure

Guy

Arnaud

Estelle

Yves

Isabelle

9 Tu peux m'aider une minute? Fais de petits dialogues d'après l'exemple.

Luc / m'aider une minute? – réparer l'ordinateur

➲ *Luc, tu peux m'aider une minute? –*
Je ne peux pas, je suis en train de réparer mon ordinateur.

Marie / venir ici? – devoir
Aurélie / aller à la cave? – jouer avec le chat
Jérôme / faire les courses? – match
Sylvie / mettre la table? – douche
Auguste / réparer la cafetière? – sortir

10 Tu as son numéro? Complète cette conversation téléphonique.

Marius: Salut, Germaine,
.... Luc?
Germaine: Non, je ne l'ai pas, mais demande à Hervé, il pourrait l'avoir.
[...]
Marius: Hervé,
....?
Hervé: Un moment. Je n'ai pas le numéro de son portable, mais tu peux essayer à la maison. C'est le 02.34.46.23.01.
Marius: ....
[...]
Marius: Bonjour, ...?
Mère de Luc: Il n'est pas là. Tu veux le numéro de son portable?
Marius: Ce serait ....
Mère de Luc: Alors, c'est le ....
Marius: ...., Madame.

11 Mets ces phrases au futur proche.

0 On l'achète. *On va l'acheter.*
1 Elle la mange. ....
2 Ils lui téléphonent. ....
3 Je lui demande. ....
4 Il les invite. ....
5 Elles leur font un cadeau. ....

6 Je vous écris une carte. ....

7 Tu me donnes son adresse. ....

8 Ils la ferment. ....

9 On leur montre le chemin. ....

10 Vous le buvez? ....

11 Je les prends. ....

12 **Qu'est-ce que tu vas faire plus tard? Forme des phrases d'après l'exemple.**

a.

0 Tu regardes les photos? – *Je vais les regarder plus tard.*

1 Tu écris à Paul? – Je vais .... demain.

2 Tu leur donnes la clé? – ....

3 Tu écoutes le CD? – ....

4 Tu téléphones aux parents? – ....

5 Tu parles à Barbara? – ....

6 Tu lui demandes pourquoi? – ....

7 Tu achètes ces bottes? – .... la semaine prochaine.

8 Tu aides tes parents? – ....

b. Tu écris à Paul? – *Non, je ne veux pas lui écrire.*

Continue avec les phrases de l'exercice *a*.

13 **Réponds aux questions et remplace l'objet par un pronom.**

0 Tu vas faire les courses? – Oui, je *vais les faire* cet après-midi.

1 Ils vont ranger leur chambre? – J'espère qu'ils ....

2 Il va faire la cuisine? – Non, il .... ce soir.

3 Tu veux parler à Odette? – Non, je ....

4 Ils vont téléphoner au docteur? – Oui, ils ....

5 Vous voulez voir la chambre? – Oui, nous ....

6 Tu vas nettoyer la cuisine? – Non, je ....

7 Tu peux appeler Monique? – Non, je .... maintenant.

8 Il va voir ses cousins? – Oui, il .... demain.

9 Vous pouvez aider votre mère? – Oui, on ....

14 Complète la réponse et remplace l'objet par un pronom.

0 M. Roquin à sa femme: Tu as déjà écrit aux enfants? –
Non, mais ....*je vais leur écrire*....... cet après-midi.

1 Maurice à son ami: Tu as acheté cette voiture? –
Non, mais .... la semaine prochaine.

2 Au téléphone: Je voudrais parler à Monique. –
Un moment, je .... appeler, elle est dans le jardin.

3 Eliane à son amie: Tu as bu le coca? –
Non, mais .... maintenant.

4 Elle est allée à la poste? –
Non, mais .... cet après-midi.

5 Tu prends toujours le métro? –
Non, mais aujourd'hui je ....

6 Tu as fait les courses? –
Non, mais .... demain.

15 Ecris des phrases complètes au futur proche.

0 tu | es trinken	*Tu vas le boire?*
1 vous | es lernen	....
2 il | uns verstehen	....
3 elle | es schicken	....
4 je | sie (Pl.) öffnen	....
5 nous | euch sehen	....
6 tu | ihn anrufen	....
7 nous | euch treffen	....
8 elles | sie (Pl.) kaufen	....
9 il | sie (Sg.) nehmen	....

16 Complète par *qu'il / qu'elle / s'il / si elle.*

Pierre dit .... n'a pas mangé depuis ce matin. Sa mère lui demande .... n'a pas mangé à la cantine.

Hélène demande à Yves .... peut fermer la fenêtre. Elle dit .... a froid. Elle ajoute .... ne veut pas tomber malade. Yves lui demande .... veut mettre sa veste.

17 La question indirecte. Transforme les phrases d'après l'exemple.

Nathalie à son frère: Tu viens avec moi?
➲ *Elle lui demande s'il vient avec elle.*

1 Paul à Lily: « Tu es toute seule? » ➲ *Il lui demande …*
2 Nathalie à sa mère: « Tu téléphones à Madame Boisier? »
3 Les parents aux enfants: « Vous avez rangé votre chambre? »
4 Nicolas à son copain: « Tu viens chez moi cet après-midi? »
5 René à sa sœur: « Tu as mangé tous les spaghettis? »
6 Jacqueline à une amie: « Tu vas au ciné avec Jules? »
7 Jacqueline à sa mère: « Tu as un stylo pour moi? »
8 Hervé à ses parents: « Vous sortez ce soir? »
9 Nicole à son frère: « Tu m'aides avec mon devoir? »
10 M. Durand à sa femme: « Tu me fais un café? »

18 Vous voulez laisser un message?

Lis la conversation téléphonique, puis écris le message de la secrétaire.

M. Rodolfo: Je pourrais parler à Madame Sagot?
Secrétaire: Elle n'est pas dans son bureau. Vous voulez laisser un message?
M. Rodolfo: Oui, dites-lui que je l'attends à l'aéroport demain.
Secrétaire: C'est noté.
M. Rodolfo: Ah oui, et elle doit apporter le dossier Grévin. C'est très important.
Secrétaire: Très bien. Au revoir, Monsieur Rodolfo.
M. Rodolfo: Au revoir.

19 Langue en contexte

Coche (✔) la bonne réponse (A, B, C ou D) pour chaque blanc (1 – 6).

Quand les Français vont au lit.

Je me couche (0) ____ à vingt-deux heures dix, l'heure de la fin du film. Les films à la télévision (1) ____ à vingt heures quarante et durent (2) ____ heure trente. La France entière est priée de se coucher ensuite. (3) ____ je regarde les fenêtres de l'immeuble d'en face, une partie s'éteint après vingt-deux heures dix. On entend les voisins du dessus bouger. On entend le bruit des chasses d'eau. (4) ____ qui n'ont pas encore tiré leurs volets le font à vingt-deux heures dix. En été, on entend le générique de fin qui résonne d'une fenêtre (5) ____ l'autre. Comme un cinéma géant à l'échelle de la cité. Ceux qui restent éveillés après vingt-deux heures dix sont des gens (6) ____.

De Brigitte Giraud: J'apprends

0	A jamais	B pas	C aussi	D souvent ✔
1	A commence	B commencent	C commençait	D ont commencé
2	A la	B une	C l'	D deux
3	A Quand	B Où	C Pour	D Parce que
4	A Celui	B Ce	C Ceux	D Ces
5	A de	B à	C pour	D que
6	A spéciale	B spéciales	C spécial	D spéciaux

- Comment comprend-on que la plupart des gens vont se coucher après 22h10?
- Pourquoi vont-ils au lit justement à cette heure-ci?
- Qui pourraient être ces « gens spéciaux » dont elle parle?

20 Langue en contexte

Trouve la bonne réponse pour chaque blanc. Il y a deux mots de trop.

chez ✔ de la les ou pays paysages peut plus
quand que tous trop villages vit veux

Moi, j'habite en ville. C'est bien parce que mes copains habitent tout près de (0) ..chez.... moi. En ville, on (1) .... faire plus de shopping, il y a des attractions touristiques célèbres.
Ce que je n'aime pas, c'est le bruit de (2) .... ville. Une autre chose (3) .... je déteste, c'est le monde qu'il y a dans le métro. Le matin, (4) .... je vais à l'école, il y a beaucoup (5) .... de gens dans les transports publics, surtout dans les bus. Je déteste la circulation, le trafic, les bouchons.
La famille de ma mère (6) .... à la campagne. J'adore la campagne parce qu'il y a de beaux (7) .... Ce qui est bien aussi, c'est qu'il n'y a pas beaucoup (8) .... voitures, de circulation. Un inconvénient, c'est qu'il n'y pas les bus, le tram, le métro. En hiver, j'aime faire du ski (9) .... de la randonnée à la campagne.
Par contre, je n'aime pas (10) .... insectes. En ville, il n'y en a pas. A la campagne, il y en a beaucoup en été, surtout quand il a beaucoup plu.
En gros, je trouve que les gens de la campagne sont très sympas, peut-être (11) .... sympas que les gens en ville. Dans les petits (12) ...., les gens se connaissent (13) ...., on connait tout le monde. Je pense qu'en ville, les gens sont toujours stressés. S'ils ne sont pas gentils, c'est parce qu'ils sont stressés.

1 Qu'est-ce qui va ensemble?

le plat principal	la serviette
l'eau	la cuillère
la soupe	la corbeille à pain
le riz	la nappe
la viande	le verre
le fromage	le couteau
la bouche	l'assiette
la table	la fourchette

2 Ajoute l'article partitif.

Salade de tomates:
Coupez un oignon et ...... tomates en rondelles. Ajoutez .... sel, ... poivre, ... l'huile d'olives et .... vinaigre. Mélangez bien.

Gâteau aux courgettes:
Battez quatre œufs avec .... sucre. Ajoutez .... l'huile, ... farine, ... levure, ... noix et les courgettes râpées. Mélangez tout et versez la pâte dans un moule à gâteau beurré.

3 Corrige d'après l'exemple.

0 un verre de tomates	*un kilo de tomates*
1 un pot d'eau	....
2 250 g de jus d'orange	....
3 une tablette de farine	....
4 un litre de camembert	....
5 une boite de chocolat	....
6 un paquet d'huile	....
7 un kilo de sardines	....
8 une bouteille de café	....

4 Ajoute l'article partitif ou *de / d'*.

.... beurre, un peu .... sel, beaucoup .... légumes, ... pommes de terre, ... viande, trop .... sucre, ... lait, pas .... œufs, assez .... vitamines, pas .... chocolat, ... thé, une tasse .... café, ... confiture, ... eau minérale, ... huile d'olives, une carafe .... eau, un kilo .... aubergines

5 Qu'est-ce qu'on achète? Lis le dialogue et ajoute *de / d'* ou l'article partitif.

A: On a encore .... pommes de terre?
B: Oui, mais on doit acheter .... oignons et .... ail[5].
A: Est-ce qu'il y a encore assez .... lait?
B: Non, je vais acheter .... lait et .... yaourts.
A: Et prends aussi .... beurre et un pot .... crème fraiche.
B: Qu'est-ce qu'on prend comme viande?
A: On pourrait prendre .... steaks.
B: Encore? Non, moi, je préfère la dinde.
A: J'achète un kilo .... escalopes de dinde, alors?
B: Un kilo, c'est trop. Ce n'est pas bon de manger tant .... viande. Prends 500 g .... dinde et un peu .... viande hachée.

6 Tu en prends combien? Fais des phrases d'après l'exemple.

0 Vous prenez combien d'artichauts? (4) *J'en prends quatre.*
1 Tu veux combien de bonbons? (100 g) ....
2 Ils ont beaucoup d'argent? (très peu) ....
3 Tu as bu combien de cafés? (3) ....
4 Elle fait du sport? (beaucoup) ....
5 Vous prenez combien de sucre? (1 morceau) ....
6 Tu as beaucoup de copains? (quelques-uns) ....
7 Tu as pris combien de croissants? (2) ....

7 Une recette par mail

Dans son dernier mail, ton / ta correspondant/e français/e t'a demandé ce que c'est des *Palatschinken*. Dans ta réponse tu lui écris la recette.

[5] l'ail (m.) = *der Knoblauch*

8 Plus ou moins? Fais des phrases d'après l'exemple.

0 Céline / + viande / moi	*Céline mange plus de viande que moi.*
1 mes copains / + frites / moi	....
2 Jacques / – légumes / François	....
3 Philippe / + problèmes / son frère	....
4 Jules / – amis / Jim	....
5 nous / – coca / vous	....
6 moi / + eau minérale / lui	....
7 nos parents / – fruits / nous	....

9 *Plus, moins* ou *autant*? Compare.

en 1900 en 2000	viande, pain complet, pain, baguettes, chocolat, petits pains[6], fruits, croissants, pommes de terre, frites
en France en Autriche	

Exemples: *En 1900 on mangeait moins de viande qu'en 2000.*
En France on mange autant de frites qu'en Autriche.

10 Qu'est-ce qui va ensemble?

le poulet	verte
la salade	de porc
la sauce	de veau
les pommes	rôti
la côte	blanc
la sauce	bourguignon
les haricots	de tomates
la blanquette	de riz
le bœuf	hollandaise
le soufflé	vapeur
le fromage	verts

[6] des petits pains (m.) = *Semmeln*

11 Relis le mail de Thomas (p. 73 dans le livre).

Un lycéen français écrit un mail sur la cuisine après un séjour en Autriche.

Il écrit sur …
- les différences qu'il a constatées
- ce qu'il a aimé
- ce qui l'a étonné
- ce qui lui a manqué

Ecris environ 120 mots.

12 Ajoute un pronom démonstratif.

Evelyne fait du shopping.

tomates ➲ Je prends *celles-là!*

fruits	*ceux-là*	fromage	....
pommes	....	jus d'orange	....
vinaigre	....	carottes	....
jambon	....	sandwichs	....
eau minérale	....	artichauts	....

13 Ajoute le pronom démonstratif correct.

0 Tu connais M. Martin? – *C'est celui* qui a gagné au loto?
1 Vous avez vu les hommes? – .... qui ont volé la voiture?
2 C'est le fils de Mme Rochard. – C'est .... au milieu?
3 C'est la salade de Monique? – Non, c'est .... de Robert.
4 Tu connais cette jeune fille? – .... à côté de la statue?
5 Je prends le menu. – .... à 18 euros?
6 Ce sont les copains de Matthieu. – .... qui sont dans sa classe?
7 Elles étaient excellentes les crêpes. – .... que vous avez mangées chez Dorico?

14 Traduis.

1 Welches Menu nimmst du? Das um 15 €?

....

2 Welchen Käse hast du gegessen? – Den, der im Kühlschrank war.

....

3 Welche Crêpe willst du? – Die mit Schinken und Artischocken.

....

4 Welches Mineralwasser kaufst du? – Das da.

....

5 Welchen Orangensaft kaufen wir? – Den um 99 Cent.

....

15 Lis l'article, puis réponds aux questions.

Un grand succès

Petit à petit, *Graffiti* avait pris forme. Il comportait cinq pages dont le clou était l'article de Nicolas.

« MENUS DE LA CANTINE DE L'ECOLE »

Lundi: Salade fanée[7] jaune et trois radis bien secs. Pelote[8] d'arêtes de poisson sur fils de haricots verts. Yaourt frais. Clémentines pourries. Commentaire: Par chance, la corbeille à pain était pleine.
Mardi: Trois rondelles d'une espèce de saucisson qui pue la crotte (il parait que ça s'appelle de l'andouillette). Semelle de chaussure brulée. Lentilles à l'eau et aux cailloux. Flan au caramel sans caramel.
Mercredi: Heureusement, il n'y a pas cantine.
Jeudi: Un demi-œuf dur à la mayonnaise. (Excellent.) Couenne[9] de jambon au gras. Reste de la semelle de chaussure de mardi, mélangé à de la purée à l'eau (appelé « gâchis Parmentier »). Yaourt un peu piquant (date limite illisible). Et ainsi de suite pendant deux semaines.

Enfin, le jeudi 20 novembre, les cinq pages de *Graffiti* étaient prêtes; le vendredi, le père des jumeaux faisaient les photocopies; *Graffiti* était fini. L'équipe de rédaction, complètement épuisée, était bien décidée à arrêter là l'expérience. C'était compter sans le succès. En une demi-journée, les cinquante exemplaires étaient vendus. Devant la vague de demandes insatisfaites, ils en ont retiré cinquante autres, qui se sont écoulés presque aussi vite.
Après la description des menus de la cantine, un conseiller municipal est venu déjeuner trois fois avec eux. Maintenant les repas sont bien meilleurs.

De Catherine Missonnier: Les CM 2 à la Une

[7] fané/e = *verwelkt*
[8] la pelote = *das Knäuel*
[9] la couenne = *die Schwarte*

- De quel « produit » *Graffiti* est-il le nom?
- Combien d'exemplaires ont-ils vendu?
- Qui a réagi à l'article de Nicolas?

Warum war *Graffiti* deiner Meinung nach so ein großer Erfolg?

16 Langue en contexte

Choisis la forme correcte. La première solution est donnée en exemple.

Le petit déjeuner

| **o** Au ✗ Le **o** La matin |, ton corps a besoin de « carburant ». Il est donc nécessaire de | **o** avoir **o** mange **o** prendre | un petit déjeuner plutôt important. Une tasse de thé ou de cacao par exemple, avec une tartine et un fruit. Une pomme ou une banane te donnent de la force.

Le déjeuner:
Ce repas est le plus important de | **o** la journée **o** le jour **o** semaine |. Tu peux le prendre à la maison, au snack, | **o** à la **o** au **o** de la | cantine etc. Il est important aussi de prendre ton temps et de manger tranquillement. N'oublie pas | **o** de **o** à **o** le | manger des légumes! Si tu n'aimes pas les carottes ou les épinards, mange un peu de salade ou une tomate.

Le gouter:
Quand tu rentres du collège ou du lycée, profite du plaisir d'un | **o** bien **o** bon **o** petite | gouter. Cela te permet de te détendre. Et puis, tu évites d'avoir envie de grignoter avant le diner et de chercher des petites bouchées dans le | **o** cuisine **o** frigo **o** lavabo | ou les placards … Si tu as une longue journée au collège, | **o** prends **o** prendre **o** pris | un ou deux aliments dans ton sac. Tu peux choisir des produits céréaliers, des produits laitiers ou des fruits. Et un gâteau? Bien sûr, parfois tu peux t'en offrir aussi.

Le diner:
Le | **o** midi **o** soir **o** soirée |, c'est le moment où on revoit toute la famille et on parle de la journée. Au diner tu | **o** faut **o** peut **o** peux | choisir parmi les mêmes aliments qu'au déjeuner. N'oublie pas qu'il est mieux de manger de la | **o** banane **o** viande **o** sucre |, du poisson ou des œufs seulement une fois | **o** à **o** du **o** par | jour – soit à midi soit le soir.

17 Qu'est-ce qu'on mange ce soir?

Lis le texte ci-dessous et complète-le avec les mots de la liste (A – J). Il y a deux mots de trop. Ecris dans la grille. La première réponse est donnée en exemple.

Tous les jours en semaine, c'était la même chose! Je sortais du bureau à 19 heures, 30 minutes de métro (0) ____ à la maison et alors que je n'avais même pas encore quitté mon manteau, toujours la même question qui résonnait dans la maison: « Qu'est-ce qu'on mange ce soir? »

Monsieur regardait la télé et attendait que je rentre car, oui, le pauvre: il ne sait pas (1) ____! Je n'en pouvais plus!

Il faut dire que ce n'est pas simple chez nous. Mon fils de 16 ans ne mange plus de volaille depuis qu'il est (2) ____ (sa petite copine a un perroquet … les mystères de l'amour!), ma fille de 13 ans est (3) ____, elle ne mange pas de viande du tout, et ma petite de trois ans déteste le poisson … Je ne peux quand même pas faire des pâtes tous les jours! Quant à mon mari, il me disait qu'il ne savait pas comment on fait cuire les pâtes … je sais, cela semble incroyable!

Alors voilà, j'ai essayé plusieurs techniques: les cris, la grève, les larmes … Rien n'a marché sauf … Vous voulez connaitre (4) ____? Allez, je vous le dis: l'incompétence! Et oui Mesdames, d'un seul coup j'ai tout raté: cuisson des pâtes 30 mn minimum, sauce tomate brulée, soupe (5) ____, légumes cuits avec la peau et le top du top: le cake chocolat ketchup! Voilà, (6) ____ de ce régime, mon mari et mes enfants ont décidé de m'interdire de cuisine! Maintenant quand je rentre le soir, je quitte mon manteau et je crie (7) ____: « Qu'est-ce qu'on mange ce soir? »

A amoureux
B après trois semaines
C bien fort
D délicieuse
E faire à manger
F mon secret
G pour rentrer ✔
H sans sel
I un jour
J végétarienne

0	1	2	3	4	5	6	7
G							

1 Le présent. Remplis la grille.

	tu	vous	ils
boire			
dormir			
ouvrir			
pouvoir			
vouloir			
écrire			
lire			
croire			
plaire			
devoir			
être			
avoir			
faire			
aller			
prendre			

2 Mets au pluriel.

0 Cette jupe me plait. *Ces jupes me plaisent.*
1 Cet appartement ne me plait pas. ....
2 Tu plais à mes parents. ....
3 Il te plait, mon nouveau CD? ....
4 Cette veste ne me plait pas. ....
5 Je te plais comme ça? ....
6 Elle te plait, cette fille? ....
7 Tu ne me plais pas. ....

3 Ecris un petit texte sur ton emploi du temps.

J'ai … heures de cours par semaine. J'ai … heures de français.
Le mercredi me plait / ne me plait pas, parce que …
Ce qui ne me plait pas cette année c'est que …
Ma matière préférée est …
J'aime bien la prof de …, parce que …

4 Trouve ce qui va ensemble.

plus rien	nie etwas
jamais rien	nie wieder
plus personne	nie jemand
jamais personne	nichts mehr
plus jamais	niemand mehr

5 Je n'ai rien trouvé. Réponds à la forme négative.

0 Tu as trouvé quelque chose? – rien ➲ *Non, je n'ai rien trouvé.*
1 Elle a acheté quelque chose? – rien ➲ Non, ………………………………………… .
2 Elle est encore là? – plus ➲ Non, ………………………………………… .
3 Ils sont encore malades? – plus ➲ Non, ………………………………………… .
4 Elle se lève à sept heures? – jamais ➲ Non, ………………………………………… .
5 Vous connaissez quelqu'un ici? – personne ➲ Non, ………………………………………… .
6 Tu es déjà allé au Maroc? – jamais ➲ Non, ………………………………………… .
7 Vous avez vu quelque chose? – rien ➲ Non, ………………………………………… .
8 Tu prends toujours la voiture de ton père? – jamais
➲ Non, ………………………………………… .
9 Tu veux encore quelque chose? – plus rien ➲ Non, ………………………………………… .
10 Elle veut parler à quelqu'un? – personne ➲ Non, ………………………………………… .

6 Complète les phrases.

1 Toi, tu ne trouves ………………………… ! (nie etwas)
2 Je ne viens ………………………… . (nie wieder)!
3 Elle ne veut ………………………… . (nichts mehr)
4 Je n'ai vu ………………………… . (niemanden mehr)
5 Ils ne saluent ………………………… . (nie jemanden)

7 Traduis en allemand.

Evidemment je n'en parle pas à la maison.
Je ne parle de rien à la maison. Ni du collège,
ni des cours de gymnastique, ni du catéchisme.
Personne ne me demande rien.

De Brigitte Giraud: J'apprends

Warum spricht sie daheim nicht über die Schule?

8 Wie sagst du, dass ...

- dir etwas leid tut
- das nicht deine Schuld ist
- das unfair ist
- das nicht stimmt
- du es versprichst

9 Ajoute le pronom correct.

a. *lui* ou *le / la*?

1 Je .... demande pardon. (à ma sœur)
2 Elle .... fait toute seule. (le devoir)
3 Il .... comprend. (sa mère)
4 Nous .... connaissons. (Pierre)
5 Je ne .... téléphone pas. (à Chantal)
6 Vous .... avez donné la clé? (à Nicole)
7 Ils .... écrivent. (la carte)
8 Je ne .... regarde pas. (le film)

b. *leur* ou *les*?

1 Nous .... appelons. (les copains)
2 Elle .... montre la photo. (aux enfants)
3 Je .... pose des questions. (aux gens)
4 Ils .... voient. (Nathalie et Rose)
5 Vous .... entendez? (les bruits)
6 Tu .... attends? (Michel et Pierre)
7 On ne .... écrit pas. (aux parents)
8 Il .... explique le chemin. (aux touristes)

10 Réponds aux questions et remplace l'objet.

0 Tu as vu Guy? – *Oui, je l'ai vu.*
1 Tu as invité ton copain? – Oui, j' ....
2 Ils ont regardé les dessins? – Oui, ...
3 Vous avez acheté ce livre? – Oui, nous ....
4 Tu as trouvé tes cahiers? – Oui, ...
5 Vous avez fait votre devoir? – Oui, ...
6 Ils ont réparé l'ordinateur? – Oui, ...
7 Tu as écouté ce CD? – Oui, ...
8 Elle a rencontré son frère? – Oui, ...

11 Mets les phrases au passé composé.

0 Je la regarde. *Je l'ai regardée.*
1 Nous vous écoutons. ....
2 Ils ne leur répondent pas. ....
3 Tu lui téléphones? ....
4 Il ne t'invite pas? ....
5 Vous lui demandez? ....
6 Elle me montre le chemin. ....
7 Tu leur écris? ....
8 Je ne le lis pas. ....
9 Il nous donne la clé. ....
10 Je ne l'ouvre pas. ....
11 Vous leur parlez? ....

12 Réponds par *non*.

0 Tu les as appelés? – Non, *je ne les ai pas appelés.*
1 Ils lui ont demandé? – Non, ...
2 Vous leur avez dit où c'est? – Non, ...
3 Elle t'a contacté? – Non, ...
4 Tu lui as téléphoné? – Non, ...
5 Il les a ouverts? – Non, ...
6 Tu lui as donné l'information? – Non, ...
7 Vous les avez trouvés? – Non, ...
8 Elle l'a cherché? – Non, ...
9 Ils lui ont montré les photos? – Non, ...

13 Réponds aux questions et remplace l'objet.

0 Mme Arnac a cherché Cédric? – Non, *elle ne l'a pas cherché.*
1 Tu as téléphoné à tes parents? – Non, ...
2 Vous avez acheté ce classeur? – Non, ...
3 Tu as vu Grégoire? – Non, ...
4 Vous avez lu le journal? – Non, ...
5 Il a trouvé son passeport? – Non, ...
6 Elle a parlé à sa mère? – Non, ...
7 Il a compris ton problème? – Non, ...
8 Ils ont demandé au directeur? – Non, ...
9 Vous avez répondu aux journalistes? – Non, ...

14 Traduis.

1 Ich habe ihn gesehen. ....
2 Wir haben euch eingeladen. ....
3 Hast du ihn angerufen? ....
4 Wir haben sie nicht gefragt. ....
5 Hast du es gelesen? ....
6 Habt ihr sie gegessen? *(la pizza)* ....
7 Hat er sie nicht gefunden? ....
8 Ich habe dich nicht angeschaut. ....

15 Réponds d'après l'exemple.

0 Qu'est-ce que tu veux? – *Ce que je veux?* Sortir peut-être.
1 Qu'est-ce qui lui plait? – ....? Le rap, je pense.
2 Qu'est-ce qu'elle a dit? – ....? Je ne sais pas.
3 Qu'est-ce que vous avez fait? – ....? On a dormi.
4 Qu'est-ce qui les intéresse? – ....? La musique, je crois.
5 Qu'est-ce que tu as vu? – ....? Rien.
6 Qu'est-ce qui te plait à l'école? – ....? La récré.
7 Qu'est-ce que tu n'aimes pas? – ....? Histoire-géo.

16 Réponds aux questions.

Qu'est-ce qui te plait dans ta région? – *Ce qui me plait surtout …*

- Qu'est-ce que tu n'aimes pas dans ta région?
- Qu'est-ce qui ne te plait pas à l'école?
- Qu'est-ce que tu aimes à l'école?
- Qu'est-ce que tu fais souvent le weekend?
- Qu'est-ce que tu aimes manger?
- Qu'est-ce que tu ne bois jamais?

17 Qu'est-ce que tu fais si[10] …?

Si j'ai un problème, ...
Si je me dispute avec ma copine / mon copain, ...
Si je suis seul à la maison, ...
Si ma mère a la grippe, ...
S'il pleut, ...
Si le bus ne vient pas, ...
Si l'ascenseur ne fonctionne pas, ...
S'il fait très très froid, ...

[10] si = *immer wenn, falls*

18 Que feront-ils si …?

1 si Anne téléphone – balade à vélo (on)

....

2 si Yvonne arrive – aller à la piscine (vous)

....

3 si Marc nous donne son adresse – passer chez lui (nous)

....

4 s'il fait beau demain – faire du jogging (on)

....

5 si tu me prêtes ton CD – te le rendre demain (je)

....

6 si tu as mal aux dents – aller chez le dentiste (tu)

....

7 si Alice passe son bac – faire un voyage (elle)

....

19 Un mail

Dans un mail à ton / ta correspondant/e français/e tu lui parles de ton école.

Dans ton mail, tu …

- donnes des informations générales sur ton école (comment / où elle est, les horaires, etc.)
- parles de tes cours préférés et de tes profs
- expliques ce que tu dois faire pour l'école à la maison

Ecris un mail d'environ 150 mots.

20 J'aime l'école …

J'aime l'école, un endroit où le monde se déploie, où tout est neuf, où tout commence. Où tout est vierge sur des feuilles blanches. J'aime ce monde de peinture à l'eau, de crayons de couleur, de papier crépon. Un monde de feutrine, de coton, de ficelle. Un monde de transformation. J'aime les matières qu'on découpe, la paire des ciseaux qui crisse sur la feuille immaculée, le pot de colle qui sent l'amande, le crayon bien taillé. J'aime le temps occupé, les consignes qui rassurent, les gestes nouveaux. J'aime être accompagnée, encouragée. Protégée. J'aime quand on range le matériel, quand on met chaque chose à sa place. J'aime la chronologie, le découpage du temps.

J'aime construire avec mes mains, avec des mots, j'aime élaborer, inventer, échafauder. J'aime être loin de la maison.
L'école me permet de comprendre et j'aime comprendre. Pourquoi les escargots ont des cornes. Pourquoi les œufs ont du jaune et du blanc. Pourquoi l'eau s'évapore. J'aime comprendre le cycle des saisons, la différence entre haut et eau, entre le nord et le sud. J'aime comprendre la nuit et le jour, les mers et les océans, l'adjectif qualificatif. J'aime comprendre comment le monde se nomme et se transforme.
J'apprends l'alphabet. Je le récite en marchant, en mangeant, en me déshabillant. Ce que je préfère est la chute, l'énumération des curiosités que sont W, X, Y, Z.

De Brigitte Giraud: J'apprends

- In welche Klasse geht dieses Mädchen deiner Meinung nach?
- Wo spielt sie auf zu Hause an?
- Was liebt sie besonders an der Schule? Nenne ein paar Beispiele.

Trouve les matières correspondantes.

0 pourquoi l'eau s'évapore *physique*
1 pourquoi les escargots ont des cornes ....
2 la différence entre haut et eau ....
3 la différence entre nord et sud ....
4 l'adjectif qualificatif ....
5 les mers et les océans ....

21 Le blog de Stéphane

Stéphane a un blog dans lequel il raconte sa journée et commente ce qui se passe à l'école.

Aujourd'hui il parle …
- d'un cours qui lui a plu
- de ce qu'il a mangé à la cantine
- de ce qu'il doit préparer pour demain

Ecris ce texte (120 mots).

1 Remplis la grille.

présent	futur	conditionnel
je suis	je serai	
ils ont		
elle va		
tu fais		
	il viendra	
nous pouvons		
ils partent		
	je voudrai	
tu dois		
vous prenez		
il met		
	nous saurons	
vous finissez		

2 Le conditionnel: Remplis la grille avec la forme correcte des verbes suivants.

venir – répondre – savoir – aller – pouvoir – avoir

						R	A	I	S		
						R	A	I	S		
						R	A	I	T		
						R	I	O	N	S	
						R	I	E	Z		
						R	A	I	E	N	T

3 Mets à la même personne du singulier.

1 nous irions — j'........................
2 vous feriez — tu ....
3 ils auraient — il ....
4 nous serions — je ....
5 elles viendraient — elle ....
6 vous partiriez — tu ....
7 nous saurions — je ....
8 ils voudraient — il ....

9 vous devriez — tu ....
10 nous pourrions — je ....
11 ils finiraient — il ....
12 nous attendrions — j'....................
13 vous prendriez — tu ....
14 elles mettraient — elle ....

4 C'est plus poli ... Fais des phrases d'après l'exemple.

0 Range ta chambre! *Tu pourrais / devrais ranger ta chambre.*
1 Ferme la porte! ....
2 Ouvre la fenêtre! ....
3 Sortez de ma chambre! ....
4 Descends la poubelle! ....
5 Parlez moins fort! ....
6 Faites vos devoirs! ....
7 Ecoute bien ce que je te dis! ....
8 Mets ton pull, il fait froid. ....
9 Aide-moi! ....

5 Qu'est-ce qui va ensemble?

sie könnte →	elle serait
sie hätte	elle irait
sie müsste	elle aurait
sie wäre	elle saurait
sie ginge	elle pourrait
sie würde gern	elle devrait
sie wüsste	elle voudrait

6 Moi, à sa place ... Fais des phrases d'après l'exemple.

0 Elle ne sort pas. *Moi, à sa place, je sortirais!*
1 Elle ne mange pas. ....
2 Elle ne danse pas. ....
3 Elle ne fait pas ses devoirs. ....
4 Elle ne comprend pas. ....
5 Elle ne va pas chez Zoé. ....
6 Elle ne sait pas son adresse. ....
7 Elle n'est pas à l'heure. ....
8 Elle ne lui parle pas. ....
9 Elle ne fait pas de sport. ....

7 Un mail

Tu passes quelques jours à Bruxelles et écris un mail à un/e ami/e.

Dans ton mail, tu ...

- décris ta famille d'accueil
- parles des visites que vous avez faites
- racontes un évènement

Ecris un mail d'environ 150 mots.

Grand-Place à Bruxelles

8 Un article de journal

Tu écris un petit article pour le journal de votre école. Le thème est l'AMITIÉ.

Dans ton article, tu ...

- présentes un/e jeune que tu aimes bien
- racontes ce que vous faites ensemble
- présentes un petit problème qu'il / elle a en ce moment et tu dis ce que tu ferais à sa place

Ecris un article d'environ 150 mots et donne-lui **un titre**.

9 Langue en contexte

Lis le texte sur la cuisine belge. Il y a des mots qui manquent. Choisis la réponse correcte (A, B, C ou D) pour chaque blanc (1 – 9). Ecris dans la grille.

La cuisine belge

Quand on pense à la cuisine belge, on pense (0) ____ moules-frites, un repas traditionnel qu'on sert partout (1) ____ Belgique. Il est évident que les frites sont reines et qu'on les trouve partout en accompagnement, avec (2) ____ viande et aussi avec du poisson. Dans le nord, on accompagne parfois ses frites avec de la mayonnaise. Mais comme (3) ____ les cuisines traditionnelles, la cuisine belge est un ensemble de traditions culinaires (4) ____ et elle est influencée par la nourriture internationale.
La waterzoo, par exemple, est souvent considéré comme la soupe belge typique. Mais la cuisine belge a bien (5) ____ plats à offrir, en particulier des spécialités de poisson, en bord de mer, comme la sole d'Ostende. Les Belges n'apprécient pas (6) ____ les moules mais aussi d'autres fruits de mer, comme les crevettes et les écrevisses.
La cuisine belge offre (7) ____ de desserts délicieux, mais caloriques. Il n'est pas rare qu'on consomme des crêpes au petit déjeuner. Mais les gaufres et les tartes à base de crème sont aussi très appréciées et on (8) ____ trouve dans toutes les pâtisseries. Enfin, il faut citer la tradition chocolatière (9) ____ pays, qui inspire beaucoup de recettes de dessert de la cuisine belge.

De belgique.com

	A	B	C	D
0	A à	B de	C aux ✔	D des
1	A de	B en	C à	D à la
2	A de	B la	C du	D de la
3	A tout	B toute	C tous	D toutes
4	A régionales	B régionaux	C régional	D régionale
5	A d'autres	B autre	C les autres	D des autres
6	A seul	B seule	C seuls	D seulement
7	A pas	B beaucoup	C quelques	D quantité
8	A y	B la	C les	D en
9	A des	B du	C de	D de la

0	1	2	3	4	5	6	7	8	9
C									

10 Namur vaut bien une visite.

Lors du séjour en Belgique, vous faites aussi une excursion à Namur. Voici le programme de la journée avec quelques détails. Ecrivez un texte pour raconter cette journée!

Excursion à Namur, 8 mai

8h	départ en bus pour Namur (> un élève en retard)
9h	arrivée à Namur – petit déjeuner (> dans un café / très copieux)
10h	visite guidée, découverte de la Citadelle et du Château Comtal (> explications en français / difficile / architecture intéressante)
13h30	piquenique dans le Parc Louise-Marie (> quartier universitaire / agréable)
15h	temps libre en ville (> avec mes copains / faire du shopping)
18h	retour à Bruxelles (> fatigués / un élève malade)

11 Un saut à Bruxelles?

Lis le texte sur Bruxelles. Choisis le texte correct (A – E) pour chaque phrase (1 – 6). Ecris tes réponses dans la grille.

A
Vous visitez Bruxelles? *VISITBRUSSELS* est le site de l'office de tourisme et présente tout ce que les jeunes visiteurs peuvent voir et faire à Bruxelles: découvertes, restaurants, sorties, hébergements et autres informations pratiques ...

B
Vous pouvez aussi aller sur le site Web *USE-IT* qui vous donne des conseils pour une visite réussie. Il propose des informations touristiques en anglais spécialement aux jeunes visiteurs ainsi qu'un plan alternatif de la ville. Allez y jeter un œil!

C

Essayez également les trucs et astuces de Brusselsmania: des infos (en anglais) sur la vie nocturne à Bruxelles, des conseils d'autres jeunes, des musts culturels comme vous n'en trouverez nulle part ailleurs (et en plus moins cher!).

D

Plusieurs organisations vous font également découvrir Bruxelles d'une autre manière. Elles organisent des journées-découvertes gratuites pour sensibiliser les jeunes au patrimoine immobilier et historique au cœur de Bruxelles. Il y a différents thèmes: Manneke et Jeanneke, le chic et l'antique, ou encore Viva Europa. Vous pouvez aussi découvrir la bande-dessinée en vous promenant en ville.

E

Et pourquoi pas demander à un Greeter? Un Greeter, c'est un habitant de Bruxelles qui vous propose bénévolement de vous montrer sa ville et de vous faire partager son expérience, son quartier, ses habitudes et ses bons plans! Bon séjour!

C'est un site ...		
... qui est idéal pour des jeunes qui ne parlent pas français.	**0**	B
... qui propose les meilleurs conseils à un très bon prix.	**1**	
... qui offre de découvrir la ville avec une personne locale.	**2**	
... qui offre des visites à thème.	**3**	
... qui informe sur les activités qu'on peut faire la nuit.	**4**	
... qui donne aussi des informations pour se loger à Bruxelles.	**5**	
... où des jeunes donnent des informations très particulières.	**6**	

12 Tu connais Stromae?

Nom: Paul Van Haver, dit Stromae
Né le: 12 mars 1985
A: Etterbeek
Est un: auteur, compositeur, interprète et producteur belge de hip-hop, de musique électronique et de chanson française
2009: succès avec la chanson *Alors on danse*, extraite de l'album *Cheese*
2013: deuxième album *Racine carrée*, grand succès critique et commercial
A partir de 2013: tournée mondiale, plus de 200 dates, dans 25 pays (dont les États-Unis, le Brésil, le Canada, ou encore la Russie)

YouTube

- Tu connais Stromae? Il est connu en Autriche?
- Si tu ne le connais pas, fais une recherche Internet sur YouTube.
  Tu aimes sa musique? Pourquoi / pourquoi pas?
- A l'aide des informations ci-dessus, tu rédiges un petit texte sur Stromae!

13 Un article de journal

Après ton voyage à Bruxelles, tu écris un article pour le journal de l'école.

Dans ton article, tu …
- racontes ce que vous avez vu pendant la visite guidée de Bruxelles
- expliques ce que tu as aimé et ce qui ne t'a pas plu
- choisis quelques endroits que tu recommanderais à d'autres élèves

Ecris un article d'environ 180 mots et donne-lui **un titre**.

1 Un parcours professionnel

Lis le texte sur le parcours professionnel de Corinne. Il manque des éléments. Choisis les éléments corrects (A – L) pour chaque blanc (1 – 9). Il y a deux réponses de trop. Ecris dans la grille.

Je suis née à Lille dans une famille pauvre. Mon père était ouvrier et ma mère aidait les voisines à faire le ménage. Parfois elle passait l'aspirateur, (0) ____ ou elle repassait les chemises. Moi, j'ai passé mon enfance à l'école et avec les amis du quartier. Après avoir eu quelques problèmes à l'école primaire, j'ai quand même bien réussi au lycée et à (1) ____.

A 18 ans, j'ai (2) ____ pour aller à Paris, faire des études, être libre. Mais cette liberté n'était pas toujours facile à vivre. J'avais très peu d'argent, je faisais (3) ____… et je n'allais pas très souvent à la fac. Après deux ou trois ans, j'ai décidé de faire une (4) ____ pour enfin avoir un emploi fixe et gagner mon argent. J'ai pris des cours pour (5) ____. Comme je parlais déjà assez bien l'anglais et aussi le hollandais (ma mère est hollandaise), j'ai pu trouver (6) ____ du travail. En plus, j'aimais bien montrer Paris, cette ville magnifique, aux touristes.

Les visites (7) ____, c'était les promenades à pieds dans les vieux quartiers du Montmartre, les tours en bateau-mouche (8) ____ et le Canal Saint-Martin, et les visites du Musée du Louvre. Après les visites touristiques, j'ai souvent (9) ____ dans un des cafés sur le Boulevard Saint-Michel dans le quartier Latin. Comme il y a plusieurs grandes universités, on peut toujours y rencontrer des gens sympas.

A sur la Seine
B toutes sortes de petits boulots
C qui m'ont plu le plus
D partir toute seule
E passé la matinée
F devenir guide touristique
G bu un verre
H elle lavait le linge ✔
I formation professionnelle
J passer le baccalauréat
K assez facilement
L quitté ma famille

0	1	2	3	4	5	6	7	8	9
H									

2 L'argent de poche ne suffit jamais.

Lis le mail de Lola. Il manque des éléments. Choisis les éléments corrects (A – K) pour chaque blanc (1 – 8). Il y a deux réponses de trop.

Mail Fichier Édition Présentation Boîte aux lettres Message Format Fenêtre Aide

Nouveau message

A: Julielamotte@hotmail.fr
De: Lolarobert@gmail.fr
Objet: prendre des nouvelles

Salut Julie!

Comment vas-tu? Cela fait longtemps que je n'ai pas (0) _____. Je suis en colonie de vacances près d'Ostende et j'ai pensé à toi l'autre jour parce que nous sommes (1) _____ avec les animateurs et j'ai cherché des cadeaux-souvenirs pour toute ma famille. Comme tu le dis souvent, ce n'est pas facile de gérer son argent de poche. Malheureusement le marché était assez cher et je n'ai pas pu acheter (2) _____. Mes parents me donnent (3) _____. Je dépense souvent mon argent (4) _____. Combien d'argent as-tu par mois? Ramènes-tu des cadeaux-souvenirs quand tu es en vacances? J'attends le mois prochain pour m'acheter une jupe et des chaussures que j'ai (5) _____! Si je ne reçois pas (6) _____ à mon anniversaire, j'économiserai encore un mois de plus. Je voudrais aussi pouvoir sortir un peu, aller au cinéma, manger dehors. Si je travaillais bien à l'école mes parents me donneraient (7) _____. Ce serait bien, mais pour avoir de bonnes notes je devrais travailler beaucoup plus!

Assez parlé de moi, donne-moi de tes nouvelles et passe le bonjour (8) _____!

A très bientôt!

Lola

A tout ce que je voulais
B dépensé tout de suite
C très rapidement
D assez d'argent
E eu de tes nouvelles ✔
F à tes parents
G allées au marché aux puces
H acheter des sucreries
I seulement 20 € par mois
J 5 € de plus
K vues dans notre magasin préféré

0	1	2	3	4	5	6	7	8
D								

3 Un mail

Comme tu es malade, tu décides d'écrire un mail à ta meilleure amie à l'école. Pour t'entrainer tu décides de lui écrire ce mail en français.

Dans ton mail, tu ...
- expliques pourquoi tu n'es pas à l'école
- décris ce que tu as fait pendant la journée
- demandes des informations sur l'école

Ecris environ 120 mots.

4 Un mail

Ta prof t'encourage à écrire un mail à ton correspondant Cyprien dans lequel tu expliques le quotidien scolaire en Autriche.

Dans ton mail, tu ...
- présentes trois aspects importants dans ton école
- expliques ce que tu trouves positif et négatif à l'école
- racontes quelque chose de marrant (qui s'est passé dans un cours)

Ecris environ 150 mots.